Desmond Morris
Vom Leben der Tiere

Desmond Morris

Vom Leben der Tiere

Mit Illustrationen von
Peter Barrett

Aus dem Englischen von
Christa Broermann, Annette Burkhardt und Karin Laue

Carl Hanser Verlag

Die Originalausgabe erschien 1993
unter dem Titel *The World of Animals*
bei Jonathan Cape Children's Books in London

1 2 3 4 5 98 97 96 95 94

ISBN 3-446-17666-7
© Text: Desmond Morris 1993
© Illustrationen: Peter Barrett 1993
Alle Rechte der deutschen Ausgabe:
© Carl Hanser Verlag München Wien 1994
Satz: Büro Dr. Ulrich Mihr, Tübingen
Printed in Hong Kong

Inhalt

Einleitung

Warum baut der Biber Burgen? Warum hat das Zebra Streifen? Wie kommt ein Kamel so lange ohne Wasser aus? Warum wedelt das Nilpferd mit dem Schwanz? Welches Tier singt das längste Lied? Was geschieht mit den Löwenjungen, wenn die Löwin stirbt? Wie überleben die Pandas in den Bambuswäldern?

Die Tierwelt steckt voller Überraschungen. Manche Leute glauben, daß wir schon alles über die Tiere wissen und nichts mehr dazulernen können. Doch das stimmt nicht, denn es gibt in der Tierwelt noch viele Rätsel zu lösen. Jedes Jahr werden neue Entdeckungen gemacht, die uns über die seltsamen und wundervollen Geschöpfe Aufschluß geben, mit denen wir unseren kleinen Planeten teilen.

Jedes Tier, das es heute auf der Erde gibt, hat seine ureigene Form des Lebens und Überlebens gefunden. Und für uns Tierforscher stellt jedes Tier eine Herausforderung dar. Wir wollen erforschen, wie es den Tieren gelingt, in ihrem fortwährenden Kampf ums Überleben zu bestehen.

Wann immer wir ein neues Tier betrach-

6

ten, ergeben sich Hunderte von Fragen. Das trifft selbst auf die Tiere zu, die wir gut zu kennen glauben und schon oft auf Bildern, im Fernsehen oder im Zoo gesehen haben.

Doch die Vorstellungen, die wir uns von diesen »Berühmtheiten« unter den Tieren machen, haben oft mehr mit der menschlichen Phantasie zu tun als mit der Wirklichkeit. Über manche Tiere gibt es allzu viele Legenden. Sie sind zu Zeichentrickfiguren geworden, als wären sie lustige Zerrbilder der Menschen. Wir halten ein Tier für wild, grausam, widerlich, dumm, hübsch oder traurig, nur weil sein Gesicht uns an Menschen erinnert, die diese Eigenschaften haben. Doch diese Vermenschlichung hat meist nichts mit dem Tier selbst zu tun. Wenn wir die Tiere richtig verstehen wollen, müssen wir sie aufgeschlossen und mit neuen Augen betrachten.

Wie findet das Tier seine Nahrung, und wie gelingt es ihm, nicht selbst zur schmackhaften Mahlzeit eines anderen Tieres zu werden? Wo schläft es? Hat es ein Nest oder eine Höhle? Wie kämpft es, wie pflanzt es sich fort, und wie zieht es seine Jungen auf? Wie zutraulich ist es? Lebt es in einer großen Gemeinschaft, einer kleinen Familie oder allein?

Wenn wir die Tiere besser verstehen wollen, müssen wir versuchen, die Welt mit ihren Augen zu sehen. Vor allem dürfen wir nicht länger glauben, daß wir ihnen überlegen sind. Wenn wir auf sie herabsehen, werden wir sie nie verstehen. Wir müssen die Tierwelt nach ihren eigenen Gesetzen erforschen.

Genau so gehen heute immer mehr Tierforscher vor. Sie verbringen Stunden, Wochen, ja sogar Jahre in der natürlichen Umgebung der Tiere, beobachten sie und schreiben auf, was sie beobachten. Dafür brauchen sie keine besondere Ausrüstung – nur ihre Augen und Ohren. Zusammen mit Papier und Bleistift ist das alles, was man für die Tierforschung benötigt. Und es gibt Tausende von Tieren, die noch nicht erforscht sind, die nur auf denjenigen warten, der die Geduld aufbringt, sie zu studieren.

In diesem Buch werden einige der bekanntesten und berühmtesten Tiere jedes für sich und ganz genau betrachtet. Zu jeder Illustration von Peter Barrett habe ich das zugehörige Portrait der Tierart geschrieben. Und so wie er sich bemühte, die Tiere darzustellen, wie sie wirklich sind, habe ich versucht, ihre besondere Lebensweise zu beschreiben, ohne die Tatsachen zu verfälschen.

Wenn meine Leser nach der Lektüre dieses Buches selbst das Bedürfnis verspüren, ein Tier näher zu erforschen, dann freue ich mich darüber. Ich bin mir sicher, sie werden es nicht bereuen.

Desmond Morris
Oxford, 1992

Der Elefant

Das wohl erstaunlichste Organ des Elefanten ist sein Rüssel. Kannst du dir vorstellen, daß deine Nasenspitze und deine Oberlippe sich immer weiter von deinem Gesicht entfernen? So hat sich der Rüssel des Elefanten über Millionen Jahre hinweg entwickelt. Im Laufe der Zeit wurde er immer länger und stärker. Heute besteht er aus nicht weniger als sechzigtausend Muskeln und wird vom Elefanten zu allen möglichen Arbeiten benutzt.

Hauptsächlich dient der Rüssel dazu, die Gräser, Blätter, Triebe, Zweige und Früchte zu pflücken, von denen sich das Tier ernährt. Die Rüsselspitze wickelt sich um den Gegenstand, packt zu, pflückt ihn ab und führt ihn zum Maul. Dieser Vorgang wiederholt sich nahezu unablässig. Elefanten sind Tag für Tag mindestens achtzehn Stunden mit der Nahrungsaufnahme beschäftigt.

Außerdem brauchen sie den Rüssel zum Trinken. Das Tier saugt ungefähr sieben Liter Wasser mit dem Rüssel auf, verengt die Rüsselöffnung und spritzt sich die Flüssigkeit ins Maul. Wenn genug Wasser vorhanden ist, trinkt ein Elefant am Tag zwischen 135 und 225 Liter. In Trockenperioden beschnüffelt er mit dem Rüssel die Erde, um verborgene Wasserreservoirs ausfindig zu machen. Wenn er eine entsprechende Stelle findet, gräbt er mit seinen riesigen Stoßzähnen ein tiefes Loch, in dem sich Wasser sammelt. Dann saugt er die Flüssigkeit auf.

Die Stoßzähne, die auch zum Abschälen von Baumrinde benutzt werden, sind eigentlich zwei Schneidezähne, die mit der Zeit immer länger und länger wurden, bis sich daraus mächtige Werkzeuge zur Nahrungsaufnahme entwickelten, die auch als Waffen benutzt werden. Das Material, aus dem sie sind, nennt man Elfenbein. Der längste jemals gefundene Stoßzahn maß fast dreieinhalb Meter, doch Stoßzähne dieser Größe sind selten. Im Durchschnitt werden sie nur etwa eineinhalb Meter lang. Wenn der Elefant einen schweren Gegenstand – wie zum Beispiel einen Baumstamm – bewegen will, setzt er die vereinte Kraft der Stoßzähne und des Rüssels ein und geht nach dem Prinzip eines Gabelstaplers vor.

Der Rüssel wird auch beim Baden gebraucht. Elefanten müssen ihre zwei Zentimeter dicke Haut gut pflegen und nehmen jeden Tag ein Bad. Dabei sprühen sie sich Wasser über den Rücken und verschaffen sich so Kühlung, wenn es sehr heiß ist. Wenn sie sich im Schlamm suhlen, benutzen sie ihren Rüssel, um ihren Körper mit flüssigem Schlamm abzuduschen. Die Schlammpackung trocknet und schützt die Haut der Tiere vor Parasiten. Ist die Erde sehr trocken, pudern sie ihre Haut während wahrer Staubbäder mit dem Rüssel ein.

Überraschenderweise können Elefanten gut schwimmen. In tiefem Wasser lassen sie den Rüssel wie einen Schnorchel über die Wasseroberfläche hinausragen. Auf dem Trockenen recken sie den Rüssel vor allem dann in die Höhe, wenn sie eine interessante Witterung aufnehmen. Sie schwingen die Spitze des Rüssels hin und her und finden so schnell heraus, woher der Geruch kommt, den sie wahrgenommen haben. Wittern sie Gefahr, reagieren sie, bevor die Bedrohung ihnen allzu nahe kommt.

Der Rüssel ist auch eine tastempfindliche Nase, mit der Elefanten alles beschnüffeln. Indem sie das tun, erfahren sie eine Menge

über den beschnüffelten Gegenstand. Es ist faszinierend zu beobachten, wie ein so riesiges Tier zart an einer kleinen Blume riecht oder mit der Rüsselspitze behutsam über das Gesicht eines Gefährten streicht.

Der Rüssel streichelt andere Elefanten während des Liebeswerbens oder bei der Begrüßung von Freunden, und mit der empfindlichen Rüsselspitze untersuchen Elefantenmütter ihre Kälber von Kopf bis Fuß. Manchmal werden allerdings auch Rangkämpfe innerhalb der Herde mit dem Rüssel ausgetragen.

Wenn Elefanten beunruhigt sind, trompeten sie laut. In diesem Fall verwandeln sich die schlauchartigen Nasengänge im Innern des Rüssels in ein Blasinstrument.

Der Rüssel des Elefanten hat also viele Funktionen: Er ist eine empfindliche Nase, eine feinfühlige Lippe, eine ruhige Hand, ein starker Arm, ein kräftiger Gummischlauch, ein Schnorchel und eine laute Trompete. Er ist eines der außergewöhnlichsten Organe in der gesamten Tierwelt.

Auch wenn wir über den Rüssel des Elefanten und dessen vielfältige Aufgaben staunen mögen, ist der Elefant doch hauptsächlich wegen seiner Größe berühmt. Elefanten sind die größten an Land lebenden

Tiere der Erde. Ein Bulle wiegt bis zu sechstausend Kilogramm, ein neugeborenes Kalb ist schwerer als ein erwachsener Mensch.

Seine Größe ist für den Elefanten in zweifacher Hinsicht von Bedeutung: Die beträchtliche Körperhöhe des Riesen erlaubt es ihm zum einen, hoch in den Bäumen Früchte und Zweige zu pflücken. Zum anderen ist es für Raubtiere wie Löwen, Tiger und Wildhunde fast unmöglich, Elefanten anzugreifen. Nur ein neugeborenes Kalb kann zur Beute jagender Tiere werden, aber auch das kommt selten vor, weil die erwachsenen Elefanten einen Schutzwall um das Neugeborene bilden und es gegen die Raubtiere verteidigen.

Die Tragzeit einer Elefantenkuh dauert fast zwei Jahre. Das ist die längste Tragzeit unter den Säugetieren. Bei der Geburt eines Kalbes helfen andere erwachsene Elefantenkühe der Mutter. Sie übernehmen die Aufgaben einer Hebamme, scharen sich um das Neugeborene, reinigen es, helfen ihm auf die Beine und beschützen es. Nur ein außerordentlich mutiges Raubtier wird sich an so eine Gruppe von Elefantenkühen heranwagen.

Erwachsene weibliche Elefanten ziehen in dauerhaft zusammenlebenden Herden umher. Eine Herde besteht aus mehreren Schwestern, deren Jungen und vielleicht einer Großmutter, der Leitkuh der Herde. Sie stellt sich immer zuerst einer möglichen Gefahr – einer verdächtigen Witterung oder einer unerklärlichen, raschen Bewegung in der Ferne –, während die anderen Kühe einen Schutzwall um die Kälber bilden. Da sie die größte Kuh ist und bei der Verteidigung ihrer kleinen Herde solchen Mut zeigt, nahmen die Elfenbeinjäger im 19. Jahrhundert an, sie sei der Leitbulle. Damals konnte man sich nicht vorstellen, daß auch ein weibliches Tier Oberhaupt und Anführer einer Herde sein kann.

Als man Jahre später anfing, die Elefanten etwas aufmerksamer zu studieren, entdeckte man, daß Bullen außerhalb des Familienverbandes leben. Sie sind noch riesiger als die Leitkühe. In einem Zweikampf könnte ein Bulle eine Leitkuh mit Leichtigkeit besiegen, in die Herde eindringen und zu deren Anführer werden. Doch so einfach ist das nicht. Beim kleinsten Versuch würden sich die Kühe zusammenrotten und gemeinsam auf ihn losgehen. Für Elefantenkühe gilt nämlich die goldene Regel: »Gemeinsam sind wir stark.«

Bullen werden nur dann in die Herde aufgenommen, wenn die Kühe paarungsbereit sind. Danach müssen sie die Herde wieder verlassen und setzen ihr Dasein als Einzelgänger fort. Manchmal leben einige Bullen in einem lockeren Verband zusammen, jedoch nur für kurze Zeit. Auch helfen sie sich nicht gegenseitig, wie es unter Kühen üblich ist.

Ein neugeborenes Kalb wächst sehr rasch. Länger als drei Jahre ernährt es sich von der Muttermilch, wobei es mit dem Maul trinkt, nicht mit dem Rüssel. Sobald es entwöhnt ist, nimmt es nie wieder so direkt Nahrung zu sich. Es benutzt später stets zuerst seinen Rüssel, mit dessen Hilfe es das Futter ins Maul schiebt.

Im Alter von sechs Jahren wiegt der kleine Elefant zehnmal mehr als bei der Geburt. Nach weiteren vier Jahren ist er fortpflanzungsfähig. Eine Elefantenkuh bringt alle drei Jahre ein Kalb zur Welt, bis sie unfruchtbar wird. Manche Elefanten leben fast so lange wie ein Mensch, doch die meisten werden nicht älter als dreißig Jahre.

Es gibt die Legende, daß sich Elefanten, wenn sie ihr Ende nahen fühlen, an einen bestimmten, geweihten Ort zurückziehen – auf einen sogenannten Elefantenfriedhof. Zu dieser Legende kam es, weil Forscher von Zeit zu Zeit auf große Ansammlungen von Elefantenknochen stießen. Die Wahrheit über diese Friedhöfe – eine traurige

Wahrheit – ist, daß an solchen Orten ganze Elefantenherden von Elfenbeinjägern abgeschlachtet und die Kadaver einfach liegengelassen wurden. In Wirklichkeit ist der Tod eines Elefanten völlig unromantisch: Er stirbt in der Regel im Stehen und fällt tot zu Boden.

In Afrika lebten vor wenig mehr als zehn Jahren noch über eine Million Elefanten. Seither haben Wilderer die Hälfte von ihnen getötet. Es ging den Wilderern dabei nur um das Elfenbein. Die Kadaver der Tiere wurden einfach liegengelassen. Die Elfenbeinjäger lösten die gewaltigen gebogenen Stoßzähne aus und schmuggelten sie in den Fernen Osten, wo in Schnitzwerkstätten teurer Schmuck daraus gefertigt wurde. Die Elfenbeinhändler wurden reich und machten sich über das Schicksal der Elefanten wenig Sorgen, solange die Herden in Afrika noch unerschöpflich schienen. Schließlich nahm der Bestand an Elefanten so drastisch ab, daß ein weltweites Handelsverbot für Elfenbein vereinbart wurde. Die Situation besserte sich zwar geringfügig, doch dreiste Wilderer fuhren fort, das gewaltigste Tier Afrikas zu verfolgen, indem sie es bei Nacht abschlachteten.

Solche Massaker sind beim Asiatischen Elefanten nicht mehr möglich, weil es nur noch wenige Exemplare davon gibt. Nach der letzten Zählung leben auf dem gesamten asiatischen Kontinent nur noch fünfzigtausend Elefanten in entlegenen Gegenden der Wälder Indiens und Sri Lankas, Indochinas, Malaysias, Südchinas und in Teilen Indonesiens.

Der Asiatische und der Afrikanische Elefant sind die einzigen Elefantenarten, die es heute noch gibt. Sie sind sich zwar sehr ähnlich, doch sie unterscheiden sich in einigen charakteristischen Merkmalen. Der Asiatische Elefant hat mächtige Stirnbukkel, der Schädel des Afrikanischen ist flach. Während der Asiatische Elefant den Kopf eher neigt und eine Art Höcker hat, trägt der Afrikanische Elefant den Kopf höher, und sein Rücken hat in der Mitte eine leichte Mulde. Die Ohren des Asiatischen Elefanten sind kleiner. (Weil der Afrikanische Elefant in heißeren Gegenden lebt, braucht er größere Ohren, um seinen Kör-

per abzukühlen.) Die Stoßzähne des weiblichen Asiatischen Elefanten sind so klein, daß sie nicht aus dem Maul herausragen. Beim weiblichen Afrikanischen Elefanten dagegen sind sie schon aus einiger Entfernung deutlich zu sehen, obwohl sie kleiner sind als die des Männchens. Der Asiatische Elefant ist etwas kleiner als der Afrikanische und außerdem leichter zu zähmen. Seit Jahrtausenden werden Asiatische Elefanten bei Feldzügen und als Lasttiere eingesetzt. Sie werden dazu abgerichtet, Wälder zu roden und bei Paraden oder im Zirkus aufzutreten. Der Afrikanische Elefant läßt sich nicht zähmen. Deshalb konnte der Mensch ihn nicht als Arbeitstier einsetzen.

In der Zeit, in der ihr diese Sätze gelesen habt, sind bestimmt schon wieder ein paar Elefanten getötet worden. Nach Millionen von Jahren scheint es, als verschwänden diese gewaltigen Tiere von unserem Planeten. Wir sind vielleicht die letzten, die das große Glück haben, sie erleben und ihren Anblick bewundern zu dürfen.

Der Gorilla

Der Gorilla ist die größte und stärkste heute lebende Affenart. Die ersten Forscher, die ihn im vergangenen Jahrhundert tief in den Regenwäldern Westafrikas entdeckten, waren zu Tode erschrocken. Die gewaltigen Arme, die massige Gestalt, die ausladenden Kiefer und der grimmige Gesichtsausdruck ängstigten sie so sehr, daß sie diese Ungeheuer so schnell wie möglich ausrotten wollten. Wenn sie es dann versuchten und die Gorillamännchen sahen, daß ihre Weibchen und Jungen durch Schüsse verletzt wurden und vor Schmerzen schrien, hatten die Forscher auch allen Grund, sich zu fürchten. Rasend vor Zorn gingen die starken Männchen brüllend auf ihre Peiniger los. Man erzählte sich, sie hätten Gewehrläufe zermalmt und den Menschen, die sie zu fassen bekamen, die Gliedmaßen ausgerissen. Wer entkommen konnte, brachte schreckliche Geschichten über brutale, heimtückische Riesen mit nach Hause, die ohne Grund Menschen anfallen und umbringen. Die Zuhörer und Leser solcher Geschichten glaubten jedes Wort, und bald hatte der Gorilla den Ruf einer bösartigen, tobsüchtigen Bestie.

Dieses Bild blieb hundert Jahre lang unverändert, bis sich vor etwa dreißig Jahren Zoologen erstmals in das Gebiet der Gorillas wagten und ihre Lebensweise beobachteten. Nur mit Kameras und Notizbüchern bewaffnet, saßen diese Tierforscher stundenlang ruhig da und sahen den Gorillas zu. Zog eine Gorillafamilie weiter, folgten sie ihr in einiger Entfernung. Sie ließen die Tiere nicht aus den Augen. Nur so konnten sie ein »Gorillatagebuch« führen und neue Erkenntnisse über diese gewaltigen Tiere sammeln.

Wie ist nun der Gorilla wirklich? Am meisten überraschte die Forscher, daß Gorillas keineswegs besonders angriffslustig sind, sondern im Gegenteil sehr scheu. Wenn man sie in Ruhe läßt, wird man auch von ihnen in Ruhe gelassen. Die Vorstellung, daß sie ständig nach etwas Ausschau halten, das sie in Stücke reißen können, ist völliger Unsinn. Nur wenn man eine Gorillafamilie angreift, wird das starke Männchen aggressiv. Aber auch dann versucht es nur, seine Gruppe zu verteidigen. Es ist außerordentlich selten, daß ein Männchen zum Angriff übergeht, wie die ersten Jäger behaupteten. Mit anderen Worten: Es waren die Menschen, die brutal und grausam vorgingen, und nicht die Gorillas.

Heutzutage kann man auf Gorillasafaris gehen und die Tiere in freier Wildbahn beobachten. Jedes Jahr genießen Tausende von Touristen den Nervenkitzel, in den Regenwäldern nach einer Familie der großen Menschenaffen zu suchen und sie aus allernächster Nähe zu beobachten. Sie können die Tiere fotografieren und stundenlang studieren. Und bis jetzt wurde noch kein einziger Tourist angegriffen oder verwundet. Die Gorillas nehmen unsere Anwesenheit wahr, aber sie schenken uns kaum Beachtung.

In Wahrheit sind Gorillas trotz ihres grimmigen Gesichtsausdrucks friedliebende Pflanzenfresser. Ihre Hauptnahrung besteht aus Blättern und dünnen Zweigen. Vor Millionen von Jahren gewöhnten sich ihre Vorfahren an diese Lebensweise. Mit der Zeit wurden die Tiere immer größer und größer. Heute wiegt ein männlicher Gorilla doppelt soviel wie ein männlicher Schimpanse.

13

Da Blätter und Zweige nicht sehr nahrhaft sind, müssen Pflanzenfresser jeden Tag große Mengen davon zu sich nehmen. Gorillas verbringen sechs von zwölf Stunden des Tages mit der Nahrungsaufnahme. Dies prägt ihr Leben ebenso wie ihren Körperbau.

Sie brauchen ein kräftiges Gebiß, um harte Zweige zu zerbeißen und Blätter zu zermalmen. Zu einem kräftigen Gebiß gehören ausladende Kiefer und eine starke Kaumuskulatur zum Öffnen und Schließen des Mundes. Und eine starke Kaumuskulatur kann nur an schweren Knochen ansetzen. Deshalb sieht der Gorilla so grimmig aus. Er braucht einen so mächtigen Schädel, um sich zu ernähren. Seinen knöchernen »Sturzhelm« benötigt er zum Kauen, nicht zum Kämpfen. Am Scheitelkamm des Schädels setzt die starke Kaumuskulatur an – Muskeln, die beinahe unablässig in Bewegung sind.

Gorillas ziehen weitaus weniger umher als Schimpansen. Eine Familie wandert im Durchschnitt nur einen knappen Kilometer pro Tag, was wieder mit ihrer besonderen Ernährungsweise zusammenhängt. Die kleinen Schimpansen ziehen reife Früchte, Nüsse und Beeren als Nahrung vor. Diese müssen sie in der weiteren Umgebung suchen. Die großen Gorillas dagegen finden ihr Futter ohne Schwierigkeiten, denn Blätter und Zweige wachsen überall um sie herum. Sie rupfen das Beste ab, ziehen ein Stück weiter und fangen bedächtig wieder an zu fressen. Es ist ein ruhiges und sehr friedliches Leben.

Gorillas schlafen dort, wo sie sich am Ende eines Tages gerade befinden. Wegen ihres hohen Körpergewichts – die Männchen messen über eineinhalb Meter und wiegen einhundertachtzig Kilogramm – klettern sie nicht auf Bäume, wie kleinere Affen es tun. Statt dessen bauen sie sich am Boden Nester aus Blättern und Zweigen. Die Jungen schlafen bei ihren Müttern.

Am Morgen verlassen sie ihre Nester und kehren nicht zu ihnen zurück. Jeden Abend bauen sie sich ein neues Nest an einem anderen Ort. Das hat einen großen Vorteil: Würden sie jede Nacht dasselbe Schlafnest benutzen, hätten sich sehr bald Parasiten in den »Matratzen« festgesetzt. Durch die ständige Wanderschaft bleiben die Tiere also sauber und gesund.

Zwar sind Gorillas zu schwer, um auf Bäumen Schutz vor Angreifern zu suchen. Aber durch ihre Körpergröße können sie es auch mit den meisten Raubtieren aufnehmen, die sich in den Wäldern verborgen halten. Ein Leopard oder eine Pythonschlange sind für einen ausgewachsenen Gorilla keine gleichwertigen Gegner. Sie können nur den sehr jungen Gorillas gefährlich werden, und die Jungtiere spielen stets unter den wachsamen Augen ihrer Eltern. Gelegentlich klettern die Kleinen auf Bäume und schwingen sich dort akrobatisch von Ast zu Ast, während die Alten ein Mittagsschläfchen halten, doch selbst dann bleiben sie in der schützenden Nähe ihrer Familie.

Neugeborene Gorillas sind hilflos und müssen von der Mutter getragen werden. Erst nach zwei Monaten fangen sie an zu krabbeln. Sie wachsen langsam und werden erst im Alter von mindestens drei Jahren entwöhnt. Da die Weibchen erst wieder paarungsbereit werden, wenn sie ihre Jungen nicht mehr säugen, pflanzen sie sich nur alle vier Jahre fort.

Sobald sie für sich selbst sorgen können, verlassen die jungen Gorillas einzeln ihre Geburtsgruppe, und zwar Männchen und Weibchen. Das ist sehr ungewöhnlich, denn meist gehen bei Tieren, die in Familienverbänden leben, nur die jungen Männchen, während die Weibchen auch als Erwachsene in ihrer Geburtsgruppe bleiben.

Bei manchen Tierarten vertreibt der Anführer der Gruppe die jungen Männchen,

14

wenn sie fast ausgewachsen sind. Bei den Gorillas jedoch werden die Jungen nicht weggejagt, sie gehen freiwillig. Das ist ein weiteres Beispiel für das außerordentlich friedliche Familienleben dieser Tiere.

Eine Gorillagruppe oder -familie besteht meist aus einem Männchen, mehreren Weibchen und fünf oder sechs Jungen. Der Anführer wird auch »Silberrücken-Männchen« genannt, weil das Fell auf seinem Rücken einen silbergrauen Sattel bildet, sobald er die Spitzenposition einer Gruppe eingenommen hat. Das unterscheidet ihn von den anderen, die völlig schwarz sind.

Die drei oder vier Weibchen der Gruppe stammen aus verschiedenen Geburtsgruppen, sind also nicht miteinander verwandt. Deshalb kümmern sie sich kaum umeinander. Sie interessieren sich nur für ihre Jungen und den Anführer. Wenn die Gruppe eine Rast einlegt und sich die Tiere gegenseitig das Fell pflegen, beschäftigen sich die Weibchen kaum miteinander, sondern wenden sich nur ihren Jungen und dem Silberrücken zu. Auch dies sichert das friedliche Zusammenleben der Gorillas, denn so gibt es keine »Nebenfrauen«, die von »Hauptfrauen« unterdrückt werden, wie es so oft bei anderen in Vielehe lebenden Tieren geschieht. Statt dessen hat jedes Weibchen seine eigene respektierte Stellung, und alle zusammen teilen sich die Aufmerksamkeit des Silberrücken-Männchens.

In der Welt der Gorillas wird eigentlich nur dann gekämpft, wenn der Silberrücken als Leittier einer Gruppe von einem anderen Männchen herausgefordert wird. Das ist zwar selten, doch wenn es passiert, erzittert der Urwald.

Die Männchen spielen ihr gesamtes Repertoire an Drohgebärden durch: Sie trommeln sich auf die Brust, rennen seitwärts durch das Unterholz, stellen sich auf die Hinterbeine, reißen Pflanzen nieder, werfen mit Ästen ziellos umher und brüllen, heulen und bellen aus Leibeskräften. Bei diesem bedrohlichen Spektakel zur Einschüchterung des Gegners wird fast immer deutlich, wer der Stärkere ist. Der Unterlegene zieht sich dann gewöhnlich zurück, ohne daß Blut vergossen wurde. Gorillas sind so ungeheuer stark, daß sich die Gegner schon beim geringsten Körperkontakt lebensgefährlich verwunden könnten. Mit ihrem Imponiergehabe und ihren lauten Schreien tragen sie ihren Streit aus, ohne sich gegenseitig schwere Verletzungen zuzufügen.

Trotz der zurückgezogenen Lebensweise der Gorillas und trotz ihrer erstaunlichen Kraft gibt es heute nur noch wenige Exemplare dieser Menschenaffen. Man unterscheidet zwei Arten: den kurzhaarigen Flachlandgorilla und den dicht behaarten Berggorilla. In Afrika soll es insgesamt nur noch dreizehntausend Gorillas geben, fast ausschließlich Flachlandgorillas. Von den prachtvollen Berggorillas leben nur noch wenige hundert.

Überall auf der Welt wird der Lebensraum dieser Tiere zerstört. In den Bergwäldern wird Holz geschlagen, das Land wird für den Ackerbau nutzbar gemacht. Weite Gebiete werden für die Viehzucht und den Getreideanbau gerodet.

In den nächsten dreiundzwanzig Jahren wird sich die Bevölkerung Westafrikas verdoppeln. Diese Menschen brauchen dringend mehr Ackerland. Der Gorilla, einer unserer nächsten Verwandten im Tierreich, wird es schwer haben. Die Anführer der Gorillafamilien werden sich auf die Brust trommeln und ihren Widerstand in die Welt hinausbrüllen, doch wie King Kong sind sie Gewehrkugeln hilflos ausgeliefert. Wenn wir keinen Weg finden, den Gorillas zu helfen, wird eines der prächtigsten und eindrucksvollsten Tiere bald von der Erde verschwunden sein.

16

Der Koala

Mit seinem wuscheligen Fell, dem pummeligen Körper und der großen Knopfnase erscheint der australische Koala als das perfekte Schmusetier. Weil er so drollig aussieht, möchte man ihn am liebsten immerzu streicheln und liebkosen. Dennoch ist er kein pflegeleichtes Haustier. Er hat zwar große Ähnlichkeit mit einem Teddybären, ist jedoch außerhalb seiner natürlichen Umgebung nur schwer zu halten, weil er ausschließlich die Blätter einiger weniger australischer Eukalyptusarten frißt. Wenn er nicht genau die richtige Nahrung bekommt, stirbt er sehr rasch.

Der Koala frißt nur ölhaltige Blätter, die für viele andere Tiere giftig sind und wenig Nährwert haben. Weil seine Nahrung sowenig Nährwert hat, hat er auch nur wenig Energie und schläft mindestens achtzehn Stunden täglich – also doppelt so lange wie der Mensch.

Der Koala döst den ganzen Tag und fängt erst am Abend an, sich zu bewegen. Dann mampft er seine harten, öligen Blätter und kaut sie gründlich durch, um sie besser verdauen zu können. Ungefähr ein Pfund Blätter verspeist er pro Abend, schmiegt sich dann in eine Astgabel und schläft wieder ein. Damit ist sein Tagesablauf auch schon erschöpfend beschrieben.

Der Koala ist nicht verspielt, nicht sehr intelligent, weder neugierig noch lebhaft, kurz, unter allen bekannten Säugetieren ist er das wohl trägste Geschöpf. Als Spielgefährte würde er uns sicher schnell langweilen.

Koalas werden nur während der Paarungszeit zwischen Oktober und Februar, dem australischen Sommer, aktiv. Dann machen sich die Männchen in der Dämmerung auf und suchen in den Bäumen nach Weibchen.

Koalamännchen und -weibchen leben normalerweise getrennt und haben jeweils ihre eigenen, von ihnen verteidigten Reviere. Zur Paarungszeit allerdings werden die Männchen von den Weibchen in ihren Revieren geduldet.

Wenn die Koalamännchen nach den Weibchen suchen, schreien sie die ganze Nacht über und machen einen Mordslärm. Ihr Gebrüll ähnelt einem knurrenden Bellen. Die Weibchen stoßen klagende Schreie aus, wenn sie beunruhigt sind oder nach einem Männchen rufen.

Obwohl Koalas schon mit zwei Jahren ausgewachsen sind, können die Männchen sich meist erst im reifen Alter von vier Jahren paaren. Das hängt damit zusammen, daß andere, ältere Männchen die Jüngeren nicht in die Nähe der Weibchen lassen. Erst wenn die Männchen groß und stark genug sind, um sich zu verteidigen und den Älteren gegenüber zu behaupten, können sie darauf hoffen, ein Weibchen zu finden.

Koalas bilden keine Paare. Männchen und Weibchen bleiben nach dem Fortpflanzungsakt nicht zusammen. Das Weibchen zieht ihr Junges allein auf und nimmt dazu keine väterliche Hilfe in Anspruch. Nachdem das Männchen die um sein Revier herum liegenden Gebiete abgesucht und sich mit allen verfügbaren Weibchen gepaart hat, kehrt es an seinen Futterplatz in den Bäumen zurück und nimmt die faule Lebensweise wieder auf. Es frißt Blätter und döst.

Das Revier des Männchens ist ungefähr dreimal so groß wie das des Weibchens. Ein Männchen, das am Rande seines Terrains entlangwandert, begegnet folglich nacheinander mehreren Weibchen. Bei jedem Zusammentreffen während der Paarungszeit paart es sich schnell und zieht dann weiter. So leistet es den optimalen Beitrag zur Vergrößerung der Zahl seiner Nachkommenschaft.

Koalaweibchen bekommen jedes Jahr nur ein Junges. Wie die Jungen vieler Beuteltiere ist es bei der Geburt sehr klein. Es ist knapp zwei Zentimeter lang und wiegt weniger als fünf Gramm – ungefähr soviel wie eine Büroklammer. Wenn du eine in der Hand hältst, bekommst du eine Vorstellung davon, wie winzig so ein neugeborener Koala ist.

Nach der Geburt kriecht das Kleine in den Brutbeutel am Bauch der Mutter und saugt sich dort an einer der beiden Milchzitzen fest. Manchmal werden Zwillinge geboren, die dann beide Zitzen brauchen.

Seltsam ist, daß die Beuteltasche der Koalaweibchen nach unten geöffnet ist, nach den Hinterbeinen zu, und nicht nach oben wie bei den Känguruhs. Für ein Klettertier ist dies merkwürdig, denn eine ruckartige Bewegung oder ein Sturz würde genügen, und das Jungtier könnte – vor allem, wenn es schon größer ist – aus der Beutelöffnung herausfallen. Bei anderen Kletterbeutlern, wie zum Beispiel dem Opossum, befindet sich die Öffnung oben, wie man es erwartet. Deshalb fragt man sich, weshalb sie beim Koala anders angelegt ist. Vielleicht ist die Muskulatur des Beutels sehr stark und elastisch, und das Baby wird eng an den Körper der Mutter gepreßt und kann deshalb nicht herausfallen. Dieses Rätsel bleibt uns noch zu lösen.

Nach einigen Monaten klettert das Kleine öfter einmal für eine Weile aus seiner Beutelhöhle heraus, zieht sich aber nach kurzer Zeit wieder in deren Schutz zurück. Im Alter von sieben bis acht Monaten ist es so groß, daß es den Beutel verläßt und keinen Versuch mehr unternimmt, dorthin zurückzukehren. Dennoch bleibt es nahe bei der Mutter und wird von ihr bis zu seinem zweiten Lebensjahr huckepack herumgetragen. Dann löst es sich vom Muttertier und fängt an, für sich selbst zu sorgen.

In diesem Stadium, in dem das Junge die Baumkronen erforscht, sind ihm seine scharfen, gekrümmten Krallen äußerst nützlich. Die braucht es, um die Zweige nach frischen Blättern und geeigneten Schlafplätzen abzusuchen. An den Vorderpfoten sind diese Krallen außergewöhnlich angeordnet. Ganz anders als wir Menschen, die wir einen Daumen an jeder Hand haben, hat der Koala an jeder Pfote zwei »Daumen« und drei »Finger«. Er greift also mit zwei Daumen auf der einen Seite und mit drei Fingern auf der anderen Seite um den Ast herum und kann so sehr gut klettern. Daher ist ein Koala von einem Busch oder Baum, an dem er sich festgeklammert hat, nicht wegzubringen. Seine Pfoten sind kräftige Greifwerkzeuge, die sich fest um die Äste schließen.

Koalas waren früher in ganz Australien verbreitet, doch im vergangenen Jahrhundert wurden Millionen dieser harmlosen kleinen Geschöpfe ihrer Pelze wegen getötet. Außerdem wurden im Zuge neuer, von den Europäern in Australien eingeführter Landwirtschaftsmethoden ganze Wälder mit Feuer gerodet. Tiere, die am Boden lebten, konnten sich dadurch retten, daß sie sich in ihren Höhlen versteckten. Andere konnten sich schnell vor dem Feuer in Sicherheit bringen. Doch die kleinen Koalas, die sich in ihren Bäumen so wohl fühlen, waren wehrlos. Sie kamen in den Flammen elend um.

Außerdem sind Koalas empfindlich und leiden an allerlei Krankheiten. Viele haben schwere Infektionen wie zum Beispiel eine tückische Pilzinfektion, an der sie fast immer sterben. Auch der Mensch ist für diese

Krankheit anfällig. Koalas in Naturparks zu knuddeln ist also viel gefährlicher, als man annimmt.

Gegen Mitte unseres Jahrhunderts stand der Koala kurz vor der Ausrottung. Es schien keinen Weg zu seiner Rettung zu geben. Doch dann beschlossen die Australier, dieses so beliebte Tier unter Schutz zu stellen. Sie forderten ein Ende der Bejagung, und Naturwissenschaftler fingen an, die Krankheiten der Tiere zu erforschen. Schließlich wurden die Koalas gerettet. Heute nimmt ihre Zahl wieder zu, und wir

können sie in ihrer natürlichen Umgebung aufsuchen und beobachten, wie sie gemütlich auf ihren Lieblingsbäumen sitzen.

Das Leben in den Bäumen mag die Koalas nicht vor den Flammen schützen, aber es hat einen großen Vorteil: Sie werden nicht von am Boden lauernden Raubtieren bedroht. Eine beträchtliche Zahl anderer am Boden lebender australischer Beuteltiere wird von Hunden getötet, die mit den Siedlern nach Australien gekommen sind. Zumindest diese Gefahr haben Koalas nicht zu fürchten.

Weil der Koala kaum auf den Boden hinabklettert, trinkt er auch nicht regelmäßig an einem Fluß oder Wasserloch. Nur bei großer Hitze wagt er sich vom Baum, um seinen Durst zu löschen. Manchmal klettert er nur hinunter und trottet zum nächsten Baum oder nimmt schnell ein Maulvoll Erde. Kleine Steine oder Erde helfen ihm bei der Verdauung. Am Boden bewegt sich der Koala tapsig, und so schnell wie möglich begibt er sich wieder in den Schutz der Baumkronen.

Dieses bemerkenswerte Tier deckt seinen Wasserbedarf über die frischen Eukalyptusblätter, die es zu sich nimmt. Es bekam seinen Namen von den Ureinwohnern Australiens, die den Brauch hatten, eine Schale Wasser in der Runde herumzureichen. War jemand nicht durstig, sagte er »koala«, was soviel heißt wie »kein Wasser«.

Der Wal

Der gigantische Blauwal ist das größte Tier, das je auf unserem Planeten gelebt hat. Er ist noch größer als die größten Dinosaurier, die vor vielen Millionen Jahren über unsere Erde stampften. Wer noch nie einen Wal gesehen hat, kann sich seine ungeheure Größe kaum vorstellen, doch kann man ihn mit einem bekannteren Tier, dem Elefanten, vergleichen: Ein Blauwal wiegt soviel wie dreiunddreißig ausgewachsene Elefanten und wird bis zu dreiunddreißig Meter lang. Dagegen mißt der kleinste unter den Walen, der Zwergpottwal, nur zirka zweieinhalb Meter. Zwischen diesen beiden Extremen gibt es eine Vielzahl von Walarten, insgesamt über dreißig. Am bekanntesten ist der ebenfalls riesige Buckelwal. Tierforscher folgten ihm bei seinen Zügen durch die Meere, tauchten zu ihm hinab und studierten seine Lebensweise. So wissen wir schon relativ viel über diesen Riesen der Meere.

Überraschenderweise ist er äußerst friedlich und sanftmütig. Geschichten aus den ersten Tagen des Walfangs erzählen zwar von bösartigen, gewalttätigen Ungeheuern, und die ersten Naturwissenschaftler, die sich in die Nähe schwimmender Wale wagten, hatten zweifellos Angst um ihre Schiffe, aber sie fanden schnell heraus, daß sie sich um ihre Sicherheit keine Sorgen zu machen brauchten. Natürlich ist es sehr wohl möglich, daß die Tiere die Walfänger angriffen, wenn sie von ihnen harpuniert wurden. Doch heute wissen wir, daß diese mächtigen Tiere normalerweise ruhig und scheu sind, wenn man sie in Ruhe läßt.

Das Gehirn des Buckelwals ist fünfmal so groß wie das des Menschen. Es ist noch nicht erwiesen, wozu er ein so großes Gehirn braucht; vielleicht hat es mit der komplizierten Art und Weise zu tun, mit der Wale untereinander in Kontakt bleiben und sich verständigen.

Da Wale statt Armen und Beinen nur Flossen und eine Finne haben, ist es für uns schwierig, von ihrer Körpersprache auf ihre Gedanken und Gefühle zu schließen. Wir Menschen drücken Stimmungen durch präzise Gesten unserer Hände und durch unser Mienenspiel aus. Der Wal dagegen hat weder Gesten noch Mienenspiel zur Verfügung. Und die Laute, die er von sich gibt, seine Gesänge, sind so seltsam, daß es uns schwerfällt, sie zu verstehen. Er mag zwar intelligent sein, doch wie kann er uns seine Gefühle mitteilen? Diese Frage bleibt noch zu beantworten.

Das erste, was man von einem schwimmenden Wal zu sehen bekommt, ist oft der Wasserstrahl, den das Tier durch die Nase, das sogenannte »Blasloch«, ausstößt. Jedesmal, wenn der Wal Atem holt, wird die feuchte Luft seiner Lungen mit einer erstaunlichen Geschwindigkeit von vierhundert Stundenkilometern durch dieses Loch gedrückt. Auf diese Weise kann ein großer Wal sehr schnell seine Lungen leeren und wieder Luft holen. Ein mittelgroßer Wal kann in zwei Sekunden dreitausendmal soviel Atem holen wie ein Mensch.

Alle Wale müssen von Zeit zu Zeit zum Atmen an die Wasseroberfläche kommen, denn sie sind keine Fische, sondern Säugetiere. Viele Wale tauchen nur fünf bis zehn Minuten, doch einige der größten Tiere bleiben über eine Stunde unter Wasser und erreichen große Tiefen.

Außer dem Menschen hat kein Tier auf der ganzen Erde einen so großen Lebensraum wie der Wal. Die Reviere der meisten Tiere sind entweder eng begrenzt, oder sie sind von zänkischen Nachbarn umgeben. Die Heimat der riesigen Wale jedoch ist das Meer, und sie können furchtlos wandern, wohin sie wollen – solange sie nicht auf einen Walfänger stoßen.

Die einzelnen Wale sind meist leicht an seltsamen weißen Markierungen an Kopf und Körper zu erkennen. Es handelt sich um kleine Tiere, die sich an ihrer Haut (wie manchmal auch an der Unterseite von Schiffen) festsetzen. Es sind Entenmuscheln, die dort leben und sich dort auch fortpflanzen. Der Wal scheint sie nicht abstreifen zu können und muß ständig mit diesem Ballast leben. Ein alter Wal trägt bis zu fünfhundert Kilogramm dieser Meeresparasiten mit sich herum.

Trotz seiner riesigen Körpergröße ernährt sich der Buckelwal von winzigen Krebstieren, die man »Krill« nennt. Als schwimmende Teppiche, die sich über einen Kilometer hinziehen können, versammeln sich viele Millionen dieser Tiere an der Meeresoberfläche. Wenn ein Wal sich durch die Krillschicht gefressen hat, enthält sein Magen mehrere Tonnen dieser Kleinkrebse. Ein riesiger Filterapparat im Innern seines Mauls scheidet das überschüssige Wasser ab.

Hat der Wal keine Lust zu jagen, kommt er ganz einfach zu einer guten Mahlzeit, indem er mit aufgerissenem Maul an der Wasseroberfläche entlangschwimmt. Der Krill wird ihm dabei regelrecht ins Maul gespült.

Ansonsten wendet der Wal drei unterschiedliche Fangstrategien an: Entweder er öffnet das Maul so weit wie möglich und taucht in einen dichten Krillschwarm ein. Oder er führt mit seinem gewaltigen Schwanz einen Schlag nach vorn aus und schiebt sich den Krill ins Maul. Die dritte Strategie schließlich muß man mit eigenen Augen gesehen haben, um zu glauben, daß

sie funktioniert. Der Wal taucht dabei unter den Krillteppich und schwimmt dann in Spiralen zur Wasseroberfläche zurück, wobei die von ihm gezogenen Kreise immer kleiner werden, je näher er dem Schwarm kommt. Seine Atemluft steigt in kleinen Bläschen zur Wasseroberfläche und bildet ein kreisförmiges Netz, das sich um die Beute schließt. Im letzten Augenblick öffnet der Wal sein Maul und taucht mit einem kraftvollen Schub nach oben in der Mitte des Fangnetzes aus Luftblasen auf. Mit einem einzigen kräftigen Schluck verschlingt er den in der Falle zusammengedrängten Krill. Seine große Zunge sorgt dafür, daß die Beute in der Kehle bleibt.

Die vierzig Tonnen schweren Wale schlemmen sieben bis acht Monate im Jahr. In den kälteren nördlichen Gewässern, wo der Krill im Überfluß vorhanden ist, fressen sie manchmal achtzehn Stunden lang ohne Unterbrechung.

Dann, im Winter, schwimmen sie majestätisch über Hunderte von Kilometern nach Süden in ihre Paarungsgebiete. Eine Herde von ungefähr vierhundert Walen zieht jedes Jahr durch den Pazifischen Ozean bis vor Hawaii. Dort versammeln sie sich im November und bleiben bis zum darauffolgenden März in den warmen tropischen Gewässern. Die ausgewachsenen Wale fressen während dieser ganzen Zeit nichts.

Während der Fortpflanzungszeit aalen die Tiere sich im Wasser, spielen miteinander, ruhen sich aus, werben umeinander und bringen ihre Jungtiere zur Welt. Die Walbullen singen stundenlang sehr laute Lieder, die noch viele Kilometer entfernt zu hören sind. Sie können dumpf grollen und knurren oder auch in den höchsten Tönen quieken. Manchmal stöhnen sie, manchmal muhen oder zwitschern sie. Es ist ein einzigartiges Erlebnis, dem Gesang der Buckelwale zu lauschen.

Ständig wechseln sie dabei wie Komponi-

sten ihr Repertoire. Ein Walbulle kann eine halbe Stunde lang ohne Unterbrechung singen – es ist, als komponierte er eine Symphonie. Jede Herde hat ihre eigenen Gesänge, und sie ändern sich von Jahr zu Jahr.

Das musikalische Talent der Buckelwale ist so außerordentlich, daß das Raumschiff »Voyager« eine Aufnahme ihrer Lieder am Jupiter vorbei in den Weltraum hinausträgt. Dies ist als besondere Botschaft unseres Planeten an jene gedacht, die sie vielleicht vernehmen und verstehen können.

Da dieser bemerkenswerte Gesang während des langen Aufenthalts der Wale in ihren Jagdgründen nie zu hören ist, muß er mit den Werbezeremonien zusammenhängen, mit denen die Männchen alle Weibchen weit und breit auf ihre Anwesenheit aufmerksam machen. Obwohl die Wale sich das ganze Jahr über durch Grunzen oder Pfeifen verständigen, singen sie nur in der Paarungszeit.

Das Werbeverhalten des Buckelwals ist ein eindrucksvolles Spektakel. Die impo-santen Tiere heben sich übermütig mit mächtigen Sprüngen aus dem Wasser. Manchmal erzeugen sie mit Schwanz- und Flossenschlägen auf der Wasseroberfläche ein lautes Klatschen, oder sie stellen sich zur Schau, indem sie ihre riesigen Körper von einer Seite auf die andere rollen.

Von Zeit zu Zeit legen sie eine Pause ein, um sich gegenseitig zu streicheln, und manchmal versetzen sie dem Partner einen liebevollen Klaps. Dieses Klatschen, das kilometerweit zu hören ist, bedeutet nur, daß Walbullen und Walkühe Zärtlichkeiten austauschen.

Bei der Geburt mißt das Buckelwaljunge ungefähr fünf Meter und ist damit zehnmal so groß wie ein menschliches Baby. Fast ein Jahr lang wird es von der Mutter gesäugt, bis es eine Länge von acht Metern erreicht hat. Walkühe sind sehr liebevolle Mütter. Es wurde schon beobachtet, wie ein Muttertier schützend seine große Schwimmflosse um den kleinen Körper des Jungen legte.

Wenn die Paarungszeit vorbei ist, be-

26

ginnt mit dem Sommer die Wanderung nach Norden. Die Wale nehmen ihre Jungtiere mit und bewegen sich mit einer Geschwindigkeit von zirka sieben Stundenkilometern vorwärts. Die trächtigen Walkühe verlassen die Paarungsgebiete zuerst, gefolgt von den jungen ausgewachsenen Walen und den Bullen. Die Muttertiere und ihre Jungen verlassen diese Reviere als letzte. Sie bleiben noch ein wenig länger in der freundlichen Wärme der tropischen Meere, bevor sie sich der eisigen Kälte der nahrungsreichen Gebiete aussetzen.

Früher gab es einhunderttausend Buckelwale in den Weltmeeren, doch sie wurden harpuniert und grausam abgeschlachtet, so daß ihre Zahl immer weiter abnahm. Schließlich waren nur noch einige tausend übrig. 1966 wurde ein weltweites Abkommen getroffen, das den Fang dieser herrlichen Tiere verbot. Seither wurden sie in Ruhe gelassen, und ihre Zahl ist wieder leicht angestiegen. Heute nimmt man an, daß es noch etwa viertausend Buckelwale gibt. Einige tragen noch Narben aus den alten Walfangtagen, in denen sie von Harpunen getroffen wurden, ihren Verfolgern aber entkommen konnten.

Die Zukunft der Wale ist nicht so sicher, wie sie es sein könnte, weil es immer noch Länder gibt, die den Walfang nicht einstellen wollen. Doch wir wissen nun so viel mehr über diese sanften, intelligenten Riesen, daß die meisten von uns große Achtung für sie empfinden. Und auf dieser neugewonnenen Achtung basiert die Hoffnung auf ein Überleben der Wale. Wer immer auch versuchen wird, sie abzuschlachten, er wird es mit dem Rest der Welt zu tun bekommen.

Der Löwe

Obwohl der Löwe der berühmteste Vertreter der Katzenfamilie ist, führt er kein typisches Katzenleben: Eine typische Katze lebt im dichten Unterholz und jagt allein. Dagegen streifen Hunde meist im offenen Gelände umher und leben und jagen in Rudeln. In dieser Hinsicht hält es der Löwe eher wie die Hunde. Er bevorzugt das offene Grasland, jagt zu mehreren und lebt in Gruppen von zehn bis dreißig Tieren.

Zu einem Löwenrudel gehören meist zwischen fünf und zehn weibliche Löwen mit ihren Jungen und mehrere Männchen. Die Weibchen gehen auf die Jagd, die Männchen verteidigen das Revier. Die Jungtiere spielen die meiste Zeit, falls sie nicht gerade schlafen.

Wenn genügend Beute vorhanden ist, führen Löwen ein bequemes Leben, und das ganze Rudel verbringt sehr viel Zeit mit Dösen und Schlafen. Löwen schlafen etwa doppelt so lange wie Menschen. Während wir ungefähr acht Stunden Schlaf pro Nacht brauchen, schläft ein Löwe sechzehn von vierundzwanzig Stunden – im Gegensatz zu uns meist in der Hitze des Tages.

Wenn die Sonne untergeht, wird das Rudel aktiv. In der Dämmerung verlassen die Löwinnen ihre hilflosen Jungen und suchen nach Beute. Sie jagen gemeinsam. Sobald sie eine Antilopenherde ausgemacht haben, schwärmen sie fächerförmig aus und pirschen sich langsam heran. Im langen trockenen Gras der afrikanischen Steppe sind die sandfarbenen Körper der Löwinnen kaum zu erkennen. Sie sehen sehr scharf und beobachten aufmerksam die grasende Herde. Wenn eine Antilope unruhig den Kopf hebt, weil sie Gefahr wittert, bleiben alle Löwinnen abrupt stehen und verharren unbeweglich. Sie ducken sich so weit wie möglich und schmiegen sich hinter Grasbüscheln an den Boden, wobei sie ihre Beute nicht aus den Augen lassen. Während die Antilope die Gefahr zu orten versucht, warten sie ab. Erst wenn die Antilope sich beruhigt hat und den Kopf wieder zum Äsen senkt, pirschen sich die Löwinnen weiter an. Dabei bewegen sie sich mit unterschiedlicher Geschwindigkeit. Die Tiere in der Mitte der Gruppe rücken langsam vor, die an den beiden Seiten schneller. So kreisen sie ihre Beute ein, eine Jagdmethode, die manchmal auch von Wölfen angewandt wird. Wenn sie so nah wie möglich herangekommen sind, brechen sie aus der Deckung hervor und schießen mit einer Geschwindigkeit von fast sechzig Stundenkilometern auf ihre Beute zu. Die Antilopen geraten in Panik und fliehen in alle Richtungen. Nun versucht jede Löwin einzeln eine Antilope einzuholen, sie mit einem Prankenhieb niederzustrecken und ihr die mächtigen Fangzähne in den Hals zu schlagen.

Obwohl die Tiere ihre Jagdgefährten zu diesem Zeitpunkt nicht sonderlich beachten, sind sie sich gegenseitig doch eine große Hilfe: Die Beutetiere sehen sich von allen Seiten zugleich angegriffen und rennen kopflos durcheinander. Dieses Chaos hilft den Löwinnen. Wenn die Antilopen mit höchster Geschwindigkeit alle in dieselbe Richtung fliehen würden, könnten sie ihren Verfolgern mit Leichtigkeit entkommen, denn sie sind eigentlich schneller – wie fast alle großen Beutetiere der Löwen. Obwohl die Löwinnen im Verband jagen, ist darum auch nur eine von vier Jagden erfolgreich.

Ist eine Antilope gefangen, wird sie zu Boden gezogen und mit einem Biß in die Kehle getötet. Sie verendet in wenigen Augenblicken. Kurz danach beginnt das Rudel zu fressen. Die Weibchen teilen das Fleisch unter sich auf. Wenn ein Männchen des Rudels dazukommt, bekommt es auch seinen Teil des gerissenen Tieres, denn bei einer großen Beute – einer Antilope, einem Zebra oder einem Büffel – ist Fleisch im Überfluß vorhanden. In kürzester Zeit runden sich die Bäuche der Löwen. Sie ruhen sich aus, verdauen das frische Fleisch und säubern sich Kopf und Pranken. Danach halten sie wieder ein Schläfchen, bis sie nach einigen Stunden Durst bekommen und zusammen zum nächsten Wasserloch ziehen.

Löwen legen sich gewöhnlich zum Ausruhen auf den Boden, doch manchmal, wenn es sehr heiß ist, suchen sie sich auch einen erhöhten Punkt, wo sie die kühle Brise genießen. Oft liegen sie auf einem Felsen oder klettern sogar auf die unteren Äste eines Baumes. So finden sie nicht nur Schutz vor der Hitze, sondern haben auch einen besseren Rundblick über ihr Reich.

Die Männchen des Rudels müssen darauf achten, jüngere Männchen fernzuhalten, die ihnen ihre Vorherrschaft über eine Gruppe von Weibchen streitig machen könnten. Wenn die jüngeren Männchen meinen, sie könnten die Rudelführer verjagen, drohen sie ihnen und kämpfen sogar um die Führung des Rudels. Meistens werden die Eindringlinge von den Rudelführern verjagt. Wenn diese jedoch zu alt oder verletzt sind, können die Neuankömmlinge sie besiegen. Bei solchen Kämpfen sind die dicken schwarzen Mähnen der Männchen wichtig, weil die dichten Haare nicht nur den Nacken vor wuchtigen Prankenhieben schützen, sondern die Löwen gegenüber ihren Feinden auch größer und eindrucksvoller erscheinen lassen. Das dicke Mähnenhaar hat den besonderen Vorteil, daß

es nicht sehr schwer ist. Wenn die Männchen größer wären, würden sie zu plump und unbeweglich. Die langen schwarzen Haare der Mähne dagegen wiegen nicht viel und lassen dennoch den Eindruck von Stärke und Größe entstehen.

Gewinnen die Eindringlinge den Kampf, töten sie als neue Rudelführer zuerst alle Jungen und fressen sie auf, denn diese stammen von den alten Revierherren ab, und die neuen verschwenden ihre Energie nicht darauf, die Nachkommen anderer Väter großzuziehen. Sind aber ihre Jungen tot, geben die Weibchen auch keine Milch mehr – und wenig später sind sie bereit, sich mit den neuen Männchen zu paaren. Nur etwa hundert Tage später werden diese zu Vätern eines neuen Wurfs und beschützen von nun an ihre eigenen Nachkommen. Hätten sie die Jungen ihrer Vorgänger nicht beseitigt, hätten die Weibchen sie weiterhin gesäugt und sich nicht gepaart. Die Tötung der Jungen beschleunigt also die Übernahme des Reviers durch die neuen Herren.

Die aus ihrer Gruppe vertriebenen alten Löwen werden oft zu Einzelgängern. Sie sind bemitleidenswert, denn sie müssen sich von leichter Beute ernähren, die ohne die Hilfe eines jagenden Rudels gefangen werden kann. Manchmal verfolgen sie zum Beispiel Stachelschweine, Tiere, die sich langsam vorwärts bewegen, und holen sich eine stachelgespickte Nase. Löwen, die in Gefangenschaft leben, haben vielleicht wenig Bewegungsfreiheit, doch immerhin steht ihnen im Zoo ein Tierarzt zur Verfügung, wenn sie Schmerzen haben. In der Wildnis fristet der »König der Tiere« während seiner letzten Tage meist ein jämmerliches Dasein.

Die neuen Revierherren sind zu ihren eigenen Jungen so liebevoll, wie sie zu den Jungen anderer grausam sind. Sie erlauben ihren Nachkommen, in ihrer Nähe zu spielen und sie sogar in den Schwanz zu beißen.

Jeden Abend schreiten sie bei Sonnenuntergang die Grenzen ihres Territoriums ab und setzen Duftmarken, indem sie zum Beispiel an Bäume, umgefallene Stämme oder Felsen urinieren. Außerdem machen sie durch lautes Gebrüll auf sich aufmerksam, um die anderen Löwen, die sich im Umkreis aufhalten, fernzuhalten. Sie brüllen ungefähr eine Stunde bei Tagesanbruch und eine Stunde in der Dämmerung.

Löwen verständigen sich untereinander auch durch ein dumpfes Knurren, das lediglich vermittelt: »Hier bin ich!«, wenn ihre Gefährten tagsüber im Gras oder bei Nacht in der Dunkelheit verborgen sind.

Wenn Löwen sich wohlfühlen, geben sie ihre Version des Schnurrens von sich, das sich anhört wie ein rauhes Rasseln. Sind sie gereizt, brummen und fauchen sie. Bevor sie sich gegenseitig angreifen, lassen sie als Warnung ein hustendes Gebrüll hören. Eine Löwenmutter schließlich verständigt sich mit ihren Jungen über ein Maunzen, das soviel heißt wie: »Wo bist du?«, »Komm her!« oder »Bleib bei mir!«

In Gefangenschaft sind Löwen leichter

zu züchten als alle anderen Raubkatzen, und zoologische Gärten haben oft mehr von ihnen, als sie unterbringen können. Im tropischen Afrika ist der Löwe noch weit verbreitet, in anderen Teilen der Welt ist er fast ausgestorben.

Vor fünfzigtausend Jahren etwa wurden die letzten Löwen Englands von Steinzeitjägern ausgerottet. Wenig später verschwanden sie auch aus den anderen westeuropäischen Ländern bis auf Griechenland. Dort überlebten sie bis vor etwa zweitausend Jahren. Die Römer jagten die nordafrikanischen Berberlöwen und ließen sie in der Arena gegen Gefangene antreten. Schon zu dieser Zeit ging die Zahl der Berberlöwen stark zurück. Während der vergangenen hundert Jahre wurden schließlich die letzten Löwen Nordafrikas ausgerottet. In einigen abgelegenen Gegenden des Nahen Ostens könnten noch einige Löwen leben, doch das ist unwahrscheinlich. 1941 wurde dort der letzte Löwe gesehen.

Außerhalb des tropischen Afrika leben die einzigen wilden Löwen im westindischen Walde Gir. In Asien gab es einst sehr viele Löwen, doch um das Jahr 1900 hatte man sie beinahe ausgerottet; nur eine Gruppe von ungefähr hundert Exemplaren überlebte im Gir-Reservat. Diese Tiere wurden streng geschützt, und kürzlich ergab eine Zählung, daß ihre Zahl wieder auf 162 angestiegen ist. Einige sollen in andere indische Reservate umgesiedelt werden, um so die Art des asiatischen Löwen zu erhalten – auch wenn dessen kümmerliche Zahl nur noch wenig von seinem einstigen Ruhm kündet.

Der Bison

Der Bison ist das größte Landtier Nordamerikas. Ein großer Bulle wiegt bis zu einer Tonne. Vor dem Einzug des weißen Mannes wanderten über die Prärien Nordamerikas Bisonherden, die sich oft über sechzig Kilometer erstreckten. Damals erschien das grüne Weideland schwarz vor Bisons.

Der gewaltige Kopf eines Bullen sitzt tief auf den mächtigen Schultern. Kleine, gekrümmte Hörner zeigen mit den Spitzen nach innen. Am Kinn wächst ein zottiger Bart, auf dem Buckel ist die Behaarung lang und dick, fast wie die Mähne eines Löwen. Diese Mähne ist um die Vorderbeine zu haarigen »Beinkleidern« verlängert. Im Gegensatz dazu hat das Tier am Hinterleib viel kürzere Haare. So kann der Bison Körperwärme speichern, indem er sich mit dem Kopf in den Wind dreht.

Jedes Jahr zogen einst Millionen von Tieren im Sommer mehrere hundert Kilometer nordwärts, und wenn es kälter wurde, wieder nach Süden, wo ihnen auch im Winter Weideflächen zur Verfügung standen. Jeden Sommer paarten sie sich, und in jedem Frühjahr wurden ihre rötlichbraunen Kälber geboren.

Bei der Geburt haben die Jungtiere noch keine fleischigen Buckel wie die Alten; sie entstehen erst, wenn die Kälber drei Monate alt sind. Nachdem die Jungen ein Jahr lang von der Mutter gesäugt wurden, fangen sie im Alter von zwei oder drei Jahren selbst an sich fortzupflanzen und haben – wenn sie nicht angreifenden Wölfen oder anderen Gefahren zum Opfer fallen – eine Lebenserwartung von dreißig Jahren.

Vor dem Menschen waren Fliegen und Zecken die schlimmsten Feinde der Bisons, denn sie nisteten sich in ihrem dicken Fell ein. Die Tiere wehrten sich, so gut es ging, gegen diese Parasiten, indem sie sich in riesigen Suhlen wälzten und sich mit heilendem Schlamm bedeckten. War es zu trocken, wälzten sie sich in mächtigen Staubwolken. Sie scheuerten sich auch an Bäumen und Felsen, um ihre Qualen zu lindern. Manchmal, wenn die Parasiten allzu lästig wurden, scheuerten sie sich so heftig, daß sie Bäume ernstlich beschädigten oder diese gar umstürzten.

Als die Menschheit in Gestalt der ersten amerikanischen Indianer die Bühne betrat, sahen die Bisons sich einem neuen Feind gegenüber. Als grasfressendes Wildrind hat der Bison überaus schmackhaftes Fleisch. Viele Indianer ließen sich in den Prärien nieder und wurden Bisonjäger. Ihre gesamte Lebensweise wurde von den Herden geprägt. Sie aßen das Fleisch des Bisons und saßen auf Bisonteppichen. Sie fertigten Zelte, Kleidung und Boote aus Bisonhäuten und schliefen unter dicken Bisonfellen. Die Tiere versorgten sie auch mit Bogensehnen, Leim, Faden, Stricken, Gefäßen und Sätteln.

Doch obwohl die Indianer mit Pfeil, Bogen und Fallen viele Bisons töteten, fügten sie den Herden keinen ernsthaften Schaden zu. Die Tiere pflanzten sich schnell genug fort, um ihre Verluste auszugleichen. Es entstand ein natürliches Gleichgewicht. Doch all dies änderte sich mit dem Einzug des nächsten Feindes der Bisons, des weißen Mannes.

Bevor die europäischen Siedler eintrafen, gab es zwischen sechzig und hundert Millionen Bisons in Nordamerika. Mit der Einfuhr der ersten Gewehre ging diese Zahl schnell auf vierzig Millionen zurück. Und das war nur der Anfang. Danach fand ein unglaubliches Massaker statt. Innerhalb von zwanzig Jahren wurden die vielen Millionen Bisons auf nur wenige hundert dezimiert. Einige Forscher geben an, daß 541, andere, daß 835 Tiere überlebten. Eine ganze Tierart wurde nahezu ausgerottet. Es war die größte Vernichtung wildlebender Tiere in der Geschichte. Wie konnte dies geschehen?

Es gab dafür wohl mehrere Gründe. Wenn wir im Kino einen Western sehen, in dem Indianer und Cowboys gegeneinander kämpfen, denken wir, daß die Neuankömmlinge auf diese Weise den »Westen erobert« hätten, doch das ist falsch. Der Westen wurde ganz einfach dadurch unterworfen, daß man die Bisonherden vernichtete. Als die europäischen Siedler in die Heimat der Indianer eindrangen, bemerkten sie schnell, wie stark deren Leben von den Bisonherden abhängig war. Ihr ganzes Leben basierte auf Produkten, die von diesen Tieren stammten. Die Siedler brauchten also nur den Indianern ihre Lebensgrundlage zu entziehen und die Bisons zu erlegen. Genau dies geschah, und zwar blitzschnell.

Andere Gründe für die Vernichtung der Bisonherden waren, daß man den Bison wegen seines Fleisches jagte und aus seinen Häuten Kleidungsstücke fertigte; daß man einen blutrünstigen »Sport« aus der Bisonjagd machte; und daß die neuen Farmer ihre Hausrinder mitbrachten, die als Grasfresser die Weideflächen der Prärien brauchten – der Bison mußte weichen.

Schließlich verlief der Bau der Eisenbahnlinien von Ost nach West quer durch die Weidegebiete der Bisons. Es war sehr schwierig, die Gleise über riesige Entfernungen durch unzivilisiertes Land zu legen. Tausende von Bahnarbeitern mühten sich in der Hitze ab. Sie brauchten kräftige Mahlzeiten, um ihre schwere Arbeit verrichten zu können. Deshalb stellten die Eisenbahngesellschaften Jäger ein, die die Bisons erlegten und die Bahnarbeiter so mit Fleisch versorgten.

Der berühmteste Bisonjäger nannte sich Buffalo Bill. (Der Bison wurde auch als »Buffalo« bezeichnet.) In Wirklichkeit hieß er William Cody und schrieb über seine Arbeit: »Während der zwölf Monate, in denen ich für die Eisenbahngesellschaft arbeitete, erlegte ich 4280 Büffel.« Und es gab viele solche Jäger. Zusammen töteten sie mehr als eine Million Bisons im Jahr, bis nur noch einige wenige herumirrende Tiere übrig waren. Die großen Tage des Bisons waren vorüber.

Glücklicherweise wurden die letzten überlebenden Bisons gerettet. Sie wurden geschützt, und eine spektakuläre Rettungsaktion wurde in Gang gesetzt. Zu Beginn dieses Jahrhunderts war ihre Zahl wieder auf einige tausend angestiegen.

Heute gibt es ungefähr dreißigtausend Bisons in eigens für sie eingerichteten Schutzgebieten und Wildparks, wo man sie beobachten und sich vorstellen kann, welchen Anblick einst hundert Millionen von ihnen auf den Prärien Nordamerikas geboten haben müssen. Wir haben den Bison fast vernichtet, doch wir haben ihn auch gerettet, und vorläufig ist der Fortbestand dieser prachtvollen Tiere gesichert.

36

Die Giraffe

Eine Giraffengeburt in freier Wildbahn ist ein aufregendes, unvergleichliches Schauspiel. Die Giraffenkuh tut nichts, um sich die Geburt zu erleichtern, und gebiert im Stehen. Dabei behält sie den Horizont im Blick, um mögliche Gefahren rechtzeitig zu erkennen.

Die Geburt muß schnell gehen, damit Raubtiere, die sich in der Nähe aufhalten, nicht darauf aufmerksam werden. Das Junge fällt auf den Boden herab: ein wirres Knäuel aus langen Stelzenbeinen und Hufen. Es ist eine schwierige Geburt. Im Mutterleib ist der lange Hals noch eng an die ebenso langen Vorderbeine gepreßt. Diese treten zuerst hervor, dann kommt der Kopf. Nach einer kurzen Pause gleitet, gezogen durch sein eigenes Gewicht, der ganze schlaksige Leib des Neugeborenen heraus. Das Junge wiegt soviel wie zwanzig menschliche Säuglinge.

Der Sturz scheint ihm nicht zu schaden, und bald darauf betrachtet es verwundert seine neue Umgebung. Einige Minuten lang liegt es ganz still. Zum ersten Mal strömt Luft in die kleinen Lungen. Dann macht es auf noch recht zittrigen Beinen die ersten Versuche aufzustehen, was ihm meist schon nach fünf Minuten gelingt. Manche Kälber brauchen dafür aber auch bis zu einer halben Stunde.

Wenn das zwei Meter hohe Giraffenjunge sich aufgerichtet hat und auf seinen vier langen, dünnen Beinen steht, wankt und schwankt es wie ein Akrobat, der lernt, wie man auf Stelzen geht. Doch sehr schnell gewinnt es die Kontrolle über seine Beine und geht ungeschickt auf seine Mutter zu. Diese betrachtet es nun eingehend, senkt den Kopf und leckt den noch nassen Körper des Kleinen mit ihrer langen Zunge. Sie beriecht es und nimmt seinen individuellen Geruch auf. Wenig später trinkt das Junge erstmals bei der Mutter. Kaum einige Stunden alt, läuft es ihr bereits hinterher, rennt durch die Gegend und spielt. Die gefährlichste Phase seines Lebens hat es nun überstanden.

Die junge Giraffe wächst schnell. Innerhalb eines Jahres verdoppelt sie ihre Höhe, innerhalb von drei Jahren erreicht sie fast die Größe einer erwachsenen Giraffe. Wenn sie nicht einer unvorhergesehenen Gefahr zum Opfer fällt, hat sie danach eine Lebenserwartung von ungefähr fünfundzwanzig Jahren.

Die erwachsene Giraffe ist an Körperhöhe das größte aller heutigen Säugetiere. Den Rekord hält ein Männchen mit Namen George, dessen Kopf fast das sechseinhalb Meter hohe Dach seines Zoogeheges streifte. Hätten also drei Akrobaten einander auf den Schultern gestanden, hätte der oberste immer noch zu George aufschauen müssen. Die meisten Giraffen werden nicht ganz so groß, doch sie übertreffen bei weitem jedes andere Tier. Ein Giraffenbulle ist durchschnittlich ungefähr fünf Meter groß, eine Giraffenkuh ist etwas kleiner. Sie erreicht nur eine Höhe von zirka viereinhalb Metern.

Aufgrund ihrer Größe kommen die Giraffen leicht an zarte Blätter und Triebe in den obersten Zweigen der Bäume heran. Weiter unten, im Dickicht, weiden viele andere Arten von Pflanzenfressern das Blattwerk ab und konkurrieren miteinander um die Nahrung, doch für die majestätischen Giraffen stellen sie keine Gefahr dar.

Männchen und Weibchen ernähren sich

auf unterschiedliche Weise. Während die Männchen den Hals so hoch wie möglich strecken, beugen die Weibchen ihn im Winkel nach vorn. Die Männchen weiden also das Blattwerk oberhalb der Weibchen ab. So bleiben sie während der Nahrungsaufnahme nah beisammen, ohne sich gegenseitig zu behindern. Auf diese Weise rupfen die Giraffen ohne Unterbrechung stundenlang Blatt um Blatt ab. Wo immer es grünes Blattwerk gibt, ist für die langhalsigen Riesen der Tisch reich gedeckt – das Angebot ist stets größer als ihr Appetit. Das ist wichtig, denn Giraffen verbringen zwölf von vierundzwan-

zig Stunden mit der Nahrungsaufnahme. Sie verzehren täglich die enorme Menge von ungefähr fünfundsechzig Kilogramm Blättern. Sie strecken dabei ihre kräftige, vom Speichel feuchte schwarze Zunge rund fünfundvierzig Zentimeter weit aus dem Maul, umschlingen mit ihr die Blätter und reißen sie ab. Auch Stacheln und Dornen sind für Giraffen kein Hindernis.

Die Giraffen fressen hauptsächlich bei Tag, doch auch in hellen Nächten kann man die Tiere dabei beobachten, wie sie sich schlanken Schatten gleich zwischen den Bäumen hin und her bewegen.

Eine interessante Frage ist, wie Giraffen schlafen. Legen sie sich nieder wie andere Huftiere, oder schlafen sie im Stehen? Und was machen sie dann mit ihren langen Hälsen? Nun, meist dösen sie in einer Art Halbschlaf im Stehen oder Liegen vor sich hin. Gelegentlich fallen sie auch in einen tiefen Schlaf, wobei sie den Hals wie schlafende Vögel nach hinten biegen. Der Kopf kommt auf den Hinterleib zu liegen, und die Giraffe verharrt ungefähr fünf Minuten lang in dieser Haltung. Wegen der nachts herumstreunenden Raubtiere können Giraffen es sich nicht leisten, länger zu schlafen. Sie halten nur kurze Nickerchen und verbringen alles in allem pro Nacht nur etwa eine halbe Stunde im Tiefschlaf. Doch mehr braucht eine Giraffe nicht, solange sie immer wieder längere Zeitabschnitte dösend oder im Halbschlaf verbringen kann.

In freier Wildbahn lebende Giraffen haben einen kleinen »Wecker« in Gestalt des winzigen Madenhackers, eines Vogels, der ihnen ständig auf dem Rücken sitzt und sie von Parasiten befreit. Wenn sich ein Raubtier nähert, alarmiert er die Giraffe mit seinem schrillen Geschrei, so daß sie schnell aufsteht und flieht.

Tagsüber hat eine erwachsene Giraffe in wachem Zustand kaum einen Feind zu fürchten. Selbst der starke Löwe greift nur selten eine Giraffe an und hält respektvoll Distanz, denn ein einziger Huftritt eines Giraffenbullen kann auch für einen Löwen tödlich sein. Nur Giraffenjunge sind für Raubtiere eine leichte Beute, und ungefähr die Hälfte aller Jungtiere fällt ihnen zum Opfer, bevor sie ein halbes Jahr alt sind. Es würden noch viel mehr Giraffenjunge getötet, wenn ihre Mütter nicht stets ein wachsames Auge auf sie hätten.

Giraffen können Farben unterscheiden und erkennen auch kleinere Tiere auf einen Kilometer Entfernung. Ihre langen Hälse und ihre guten Augen erlauben es

ihnen, ihre Umgebung sehr genau nach möglichen Gefahren abzusuchen.

Obwohl sie sich gegen Löwen oder andere Jäger sehr geschickt verteidigen, leben die Giraffen untereinander äußerst friedlich. Die Männchen liefern sich zwar oft Scheinkämpfe und schwingen dabei mit den Köpfen von der einen zur anderen Seite, doch sie berühren sich meist nicht. Nur sehr selten findet eine richtige Auseinandersetzung statt – dann nämlich, wenn eine Giraffe aus einem anderen Gebiet in ihr Revier eindringt. Beim Kampf holen die Giraffen mit ihren Hälsen weit aus und schlagen ihre Köpfe seitwärts gegen den Körper des Gegners. Ihre Schädel sind robust genug, um diese wuchtigen Schläge auszuhalten.

Auf dem Kopf der Giraffe wachsen kurze, stumpfe, mit Fell überwachsene Hörner, die auch als Waffe benutzt werden können. Im Londoner Zoo schlug eine Giraffe, die eigentlich den Wärter treffen wollte, ein richtiges Loch in die Holzverkleidung der Giraffenhauswand. Es scheint, daß Zoogiraffen ihre menschlichen Betreuer manchmal als Rivalen betrachten und sie von Zeit zu Zeit daran erinnern wollen, wer nun der Überlegene ist. Glücklicherweise können die Tiere dabei wegen ihres langen Halses nicht so genau zielen.

Man könnte denken, daß der Hals der Giraffe aus einer Vielzahl von Halswirbeln besteht, doch sie hat wie alle anderen Huftiere – also genau wie ihre Verwandten mit kurzen Hälsen – nur sieben Halswirbel, die allerdings viel länger sind als die eines Rehs oder einer Antilope.

Der lange Hals ermöglicht es der Giraffe zwar, Bäume in großer Höhe abzuweiden, doch beim Trinken stellt er ein Hindernis dar. Da Giraffen in den heißen Busch- und Baumsteppen des tropischen Afrika leben, müssen sie täglich an einem Wasserloch trinken. Manchmal müssen sie mehrere Kilometer wandern, um dorthin zu gelangen,

doch diese Wanderung ist ein wichtiger Teil ihres Tagesablaufs. Beim Trinken müssen sie dann ihre Vorderbeine sehr weit auseinanderspreizen. In dieser unbeholfenen Stellung sind sie sehr unruhig und heben immer wieder den Kopf, um nach möglichen Feinden Ausschau zu halten. Wenn die Giraffe sich sehr schnell aufrichtet, könnte sie theoretisch ohnmächtig werden, weil das Blut plötzlich aus dem Kopf in den Körper abfließt. Dies wird aber dadurch verhindert, daß bestimmte Blutgefäße im Hals sich verengen und so die Blutversorgung des Gehirns gewährleisten.

Zwischen den Bäumen fühlen sich Giraffen viel sicherer. Das Fleckenmuster ihres Fells tarnt sie im Morgengrauen oder in der Abenddämmerung sehr gut. Das Muster mag uns auffällig erscheinen, wenn wir eine Giraffe bei hellem Tageslicht im Zoo dicht vor uns sehen, doch bei schwachem Licht kann ein herumstreifendes Raubtier sie in der Ferne nicht so leicht entdecken.

Wenn ein Raubtier trotz dieser Tarnung zu nahe kommt, ergreifen die Giraffen mit ihren langen Beinen die Flucht. Erwachsene Giraffen erreichen im Galopp bis zu sechzig Stundenkilometer und entkommen den meisten Verfolgern ohne große Mühe.

Im hellen Licht der afrikanischen Sonne haben die Fleckenmuster der Tiere aber noch eine weitere Funktion. Wer sich die Anordnung der rotbraunen Flecken genau anschaut, erkennt, daß jedes Tier eine besondere Musterung aufweist. Es ist durchaus möglich, daß die Giraffen einander an ihrer charakteristischen Fellzeichnung erkennen. Die Musterung bleibt – wie die Fingerabdrücke des Menschen – von der Geburt bis zum Tod der Tiere unverändert.

Seltsamerweise ist die Giraffe stumm. Von einem so großen Tier würde man ein Brüllen oder Bellen erwarten, doch es bringt nicht mehr zustande als ein gelegentliches Grunzen, Glucksen, Pfeifen, Zischen oder Schnauben. Ängstliche Giraffenjunge geben klagende Schreie von sich – doch das sind schon alle Laute, die dieses außergewöhnliche Tier produziert.

Die erste Giraffe Europas brachte Julius Caesar aus Afrika mit, nachdem er Kleopatra in Ägypten als Königin eingesetzt hatte. Die Römer waren erstaunt über das exotische Tier, das da durch ihre Straßen paradierte. So etwas hatten sie noch nie gesehen. Sie bewunderten vor allem die seltsame Gestalt der Giraffe und ihre Fellzeichnung.

Ein berühmter römischer Dichter vermutete, das Tier sei aus einer Kreuzung von Kamel und Leopard hervorgegangen, und nannte es Kameleopard, eine Bezeichnung, die sich jahrhundertelang hielt. Schließlich erkannte man den Irrtum und ersetzte »Kameleopard« durch das arabische Wort »Giraffe«.

Der Wolf

Vor tausend Jahren streiften noch Wölfe durch England. Nach der Schlacht von Hastings im Jahr 1066 sollen Wölfe aus den nahegelegenen Wäldern die gefallenen Soldaten gefressen haben. Selbst die Einwohner Londons fühlten sich nicht sicher, und manche Leute, die in den Vororten der Stadt lebten, bekamen Land geschenkt, wenn sie die örtlichen Wolfsrudel vernichteten.

In einem frühen Buch über das Leben der Tiere, das vor ungefähr achthundert Jahren geschrieben wurde, wird der Wolf als ein wildes, blutrünstiges Ungeheuer beschrieben, das Menschen angreift und verschlingt. »Wölfe töten alles, was sich ihnen als Nahrung bietet«, behauptet der Autor. Seine verängstigten Leser glaubten ihm zweifellos jedes Wort.

Damals wurde der Januar »Wolfsmond« genannt, denn in dieser Zeit, so sagte man, seien die Wölfe am gefährlichsten. Außerdem begann im Januar die Wolfsjagd. Die Jäger und Fallensteller Englands zogen in die Wälder und töteten so viele Wölfe, wie sie nur konnten.

Die verfolgten Tiere wurden immer weiter zurückgedrängt, bis sie sich nur noch im äußersten Norden Schottlands und in einigen entlegenen Gegenden Irlands halten konnten. Doch vor ungefähr zweihundert Jahren wurden selbst diese letzten Überlebenden aufgespürt und getötet. Der wilde Wolf war für immer von den Britischen Inseln verschwunden.

Auch in anderen Teilen der Erde verfolgte der Mensch den Wolf mit immer besseren Waffen, so daß dem Tier heute nur noch die kargen Landschaften des hohen Nordens als Rückzugsgebiet bleibt. Und selbst dort, in den eisigkalten Wäldern und Einöden, wird er immer seltener. Eines Tages wird er vermutlich ganz ausgerottet sein.

Warum fürchten und hassen wir den Wolf so sehr? Ist er tatsächlich eine solche Bestie? Um auf diese Frage eine Antwort zu finden, sollten wir nachvollziehen, wie unser eigener Speiseplan sich im Laufe unserer Geschichte verändert hat.

Einst waren alle Menschen Jäger wie die Wölfe. Dann, vor ungefähr zehntausend Jahren, begannen die Menschen mit der Viehzucht. Das war viel bequemer als die Jagd, denn die Tiere wurden auf den Wiesen und in Ställen eingepfercht und konnten nach Belieben geschlachtet und verzehrt werden. Jetzt war man nicht mehr darauf angewiesen, wilde Tiere zu jagen, um sich zu ernähren.

Doch immer wieder – vor allem im Winter – wurde dieses Hausvieh von hungrigen Wölfen geschlagen, denn es stellte in seinen Pferchen eine leichte Beute für die Nachbarn aus den Wäldern dar. Der Wolf wurde zum größten Feind der Bauern, die sich so gut wie möglich zur Wehr setzten. Sie begannen auch, wilde Geschichten über menschenfressende Wölfe zu erfinden. So wurde der Wolf noch verhaßter, und der Kampf gegen ihn nahm kein Ende.

Auch heute noch tragen wir die Erinnerung an diesen Kampf mit uns herum. Viele Leute sehen den Wolf immer noch als blutrünstigen, gefährlichen Feind des Menschen. Als Kinder fürchten wir uns vor dem Wolf im Märchen vom Rotkäppchen, als Erwachsene versetzt uns im Kino der Werwolf in Angst und Schrecken. Aber wie verhalten sich diese alten Sagen und unglaublichen

Geschichten zur Wirklichkeit? Wie ist der Wolf tatsächlich?

Es gibt überraschenderweise so gut wie keine Beweise dafür, daß je ein Mensch von einem Wolf getötet wurde. Es ist schon möglich, daß Wölfe gefallene Soldaten auffraßen, aber sie haben sie nicht selbst getötet. Der Mensch ist für die Wölfe keine passende Beute, also lassen sie ihn in Ruhe.

In Wirklichkeit ist der Wolf nicht wild und grausam, sondern äußerst scheu. Wölfe sind sehr vorsichtige Tiere und meiden möglichst die menschliche Gesellschaft. Sogar ein zahmer Wolf, der von einem Menschen liebevoll aufgezogen wurde, ist Fremden gegenüber unsicher. Da ist ein Haushund viel mutiger.

Wie können wir aber etwas über die Lebensweise des Wolfes herausfinden, wenn er so scheu ist und so zurückgezogen lebt? Nun, in den vergangenen Jahren besuchten einige ausdauernde Wissenschaftler die eiskalte arktische Wildnis, wo es noch Wolfsrudel gibt, und verbrachten lange Wochen und Monate damit, die Tiere zu beobachten, zu filmen, zu fotografieren und ihre Erkenntnisse aufzuschreiben. So haben sie uns endlich ein glaubwürdiges Bild von der Lebensweise des Wolfes vermitteln können.

Wolfswelpen werden im Frühjahr geboren. Sie sind zuerst blind, hilflos und brauchen viel Schutz und Zuwendung. Drei Wochen vor der Geburt gräbt die Mutter eine Höhle für die Welpen, die tief unter der Erde liegt. Sie beginnt mit einem ungefähr einen Meter langen Gang an einem gut geschützten Ort – zum Beispiel unter dem Wurzelwerk eines Baumes, einem Baumstumpf oder einem großen Felsen. Der Gang wird immer schmaler, je tiefer die Wölfin gräbt. Dann folgt ein enger, etwa drei Meter langer Gang, der in die Höhle führt, in der sie ihren Wurf von vier bis sieben winzigen Welpen zur Welt bringt.

Wenn es möglich ist, legt die Wölfin ihre Höhle auf abschüssigem Gelände oberhalb eines Flusses oder einer Quelle an, denn sie braucht viel zu trinken, sobald sie ihre Jungen säugt. Und wenn möglich baut sie den Gang zu ihrer Geburtskammer von unten schräg in den Berg hinein, denn so kann die Höhle nicht überschwemmt werden. Selbst bei starkem Regen fließt kein Wasser in die Kammer, in der ihre Jungen zur Welt kommen.

Bei jeder noch so geringen Störung setzt die Mutter ihre Welpen um. Mit einem ihrer Jungen im Maul läuft sie zu einer zweiten Höhle, die sie schon vor der Geburt angelegt hat. Sie kehrt wieder zurück und holt den zweiten Welpen, dann den dritten, und so weiter, bis alle in Sicherheit sind. Wenn sie den letzten Welpen abgelegt hat, läuft sie noch ein letztes Mal zu der alten Höhle, um sich zu vergewissern, daß sie wirklich leer ist.

Das Anlegen von zwei Höhlen ist eine Absicherung gegen Raubtiere. Nach einigen Wochen in ihrem »Geheimbunker« tragen die Welpen zu ihrem eigenen Schutz bei, indem sie ein ganzes Labyrinth an Gängen anlegen, die mit Notausgängen und Querverbindungen versehen sind. Wir wissen, daß diese Gänge von den Welpen und nicht von der Mutter gebaut werden, weil sie so eng sind, daß erwachsene Wölfe nicht hindurchpassen.

Nach drei, vier Wochen sind die Jungen schon recht groß und kommen vorsichtig aus dem Eingang ihres Baus hervorgekrochen. Auf unsicheren Beinen erforschen sie die faszinierende Welt, die sich ihnen außerhalb ihrer Geburtshöhle auftut. Schnell rennen die anderen Mitglieder des Rudels herbei, um die Neuankömmlinge zu begrüßen. Sie sind fast immer freundlich, manchmal sogar zu freundlich. Die Eltern der Welpen haben ein wachsames Auge auf alles, was vor sich geht, und verhindern jegliche Einmischung, die ihre Nachkommenschaft überfordern könnte.

Mit fortschreitendem Alter werden die Jungen immer stärker in das soziale Leben ihrer Gruppe integriert. Manche Rudeltiere tragen ihnen Futter zu, andere lecken ihnen das Fell und säubern sie, wieder andere spielen mit ihnen. Im Alter von fünf Monaten dürfen die Welpen mit dem Rudel ziehen.

Ein besonderes Merkmal dieser Gesellschaft ist, daß Wölfe einander helfen. Nicht nur die Welpen werden sehr freundlich aufgenommen. Wenn die Wölfin zur Zeit der Geburt in ihrer Höhle bleiben muß, bringen ihr die ausgewachsenen Tiere des Rudels Futter, sobald sie von der Jagd zurückkommen.

Die Jagd ist die wichtigste Beschäftigung der Wölfe. Während des Sommers fangen sie allein, ohne die Hilfe ihrer Gefährten, kleine Tiere. Doch während der kälteren Monate, wenn sich diese Beutetiere in die Erde zurückziehen, treibt der Hunger die Wölfe dazu, größere Beute, zum Beispiel Rotwild, aufzuspüren. Ein Wolf kann aber ein großes Reh nicht allein erlegen. Zu mehreren sind die Wölfe bei der Jagd erfolgreicher.

Die Gruppenjagd beginnt damit, daß ein Rudel gemeinsam auf Beutesuche geht. Auf einem langwierigen Jagdzug sind die Wölfe oft über dreißig Kilometer unterwegs. Schließlich wittert der Anführer in der Ferne Wild. Selbst wenn die Beute noch zwei Kilometer entfernt ist, können die Wölfe sie durch ihren Geruchssinn wahrnehmen, sofern sie sich mit dem Wind vorwärtsbewegen. In diesem Moment verharrt der Leitwolf unbeweglich.

Alle Wölfe machen daraufhin halt und strecken wie ihr Anführer die Köpfe in Richtung der weit entfernten Beute. Sie wittern, halten Ausschau, und ihre Ohren stehen nach vorne. Dann beginnt ein festgelegtes, sehr seltsames Ritual: Die Wölfe drängen sich in einem Haufen zusammen wie amerikanische Footballspieler. Nase an Nase stehen sie so einige Sekunden lang schweifwedelnd da. Was zwischen ihnen in diesem Augenblick vorgeht, wissen wir nicht, doch gleich darauf machen sich alle in Richtung des Beutetieres auf.

Wenn sie sich ihrer Beute nähern, werden sie zwar sehr aufgeregt, verlieren aber nie die Kontrolle. Sie überstürzen nichts. Immer noch starren sie schweifwedelnd geradeaus und bemühen sich, das Wild nicht aufzuschrecken. Sie müssen so nah wie möglich herankommen, bevor das Tier ihre Anwesenheit bemerkt. Wenn es sie doch entdeckt und zu fliehen versucht, jagen sie mit Höchstgeschwindigkeit hinterher. Bleibt es nur stehen, sind sie viel vorsichtiger, machen ebenfalls halt und beobachten ihre Beute. Nur das fliehende Tier löst den Angriff aus.

Die Wölfe versuchen, ihre Beute so schnell wie möglich zu Boden zu bringen, doch wenn es sich um ein schnelles Tier handelt, müssen sie ihm lange nachsetzen. Wird das Tier während dieser Verfolgung auch nach einigen hundert Metern nicht eingeholt, geben sie fast immer auf, doch es sind schon Rudel beobachtet worden, die eine Jagd über sieben Kilometer durchhielten.

Ein Geheimnis des Jagderfolgs der Wölfe ist, daß sie ihrer Beute lange nachsetzen können, ohne zu ermüden. Sie verfolgen das Tier einfach, bis es erschöpft ist. Aber sie bevorzugen natürlich eine kurze Jagd und einen schnellen Riß – und das schaffen sie auch in den meisten Fällen. Die Wölfe überholen das fliehende Beutetier und stürzen sich darauf, wobei sie sich in dessen Flanken, Rumpf, Schultern und Nase festbeißen. Sie zerren es zu Boden, reißen es in Stücke und fangen an zu fressen. Jeder Wolf verschlingt, soviel er kann – manchmal bis zu zehn Kilogramm Fleisch –, und sein Bauch wird rund und schwer. Was das Rudel nicht auffrißt, wird in der Erde oder im tiefen Schnee vergraben. So können die Tiere immer wieder zurückkommen, das Fleisch ausgraben und ihre Mahlzeit fortsetzen.

Weil die Zusammenarbeit eine so wichtige Rolle spielt, brauchen die Wölfe eine ausgefeilte Verständigung durch Zeichen und Laute. Jedes Tier muß in der Lage sein, seinen Gefährten wechselnde Stimmungen mitzuteilen. Zu dieser Zeichensprache gehören eine ganze Reihe von Handlungen, Signalen und Posen, die man auch bei jedem Haushund beobachten kann. Unsere Hunde sind schließlich nichts anderes als domestizierte, also »verhaustierte« Wölfe.

Da Wölfe für den Beutefang sehr kräftige Kiefer und ein gefährliches Gebiß besitzen, müssen sie Kämpfe untereinander möglichst vermeiden, denn sie könnten sich gegenseitig leicht verletzen oder gar töten. Unterwürfige Gesten und Posen sind daher äußerst wichtig. Sie bedeuten: »Ich gebe nach, tu mir nicht weh, du bist der Ranghöhere.«

Ein unterlegenes Tier kann dies signalisieren, indem es sich duckt, die Lefzen zurückzieht, die Ohren hängen läßt und die Rute einzieht. Um seine Unterwerfung noch deutlicher zu machen, legt es sich flach auf den Boden. Völlige Demut zeigt es, wenn es sich auf den Rücken rollt und zu seinem Gegner aufschaut. Nur wenige Leitwölfe werden einen Gefährten angreifen, der sich so verhält. Über das Demutsverhalten kann ein Streit geschlichtet werden, ohne daß Blut vergossen wird. Beide Wölfe überleben und können weiterhin jagen. Der Schwächere mag zwar verloren haben und wird dem anderen von nun an stets nachgeben müssen, doch wenigstens ist er nicht lahm oder verwundet.

Ein starkes, überlegenes Tier verhält sich völlig anders. Es steht aufrecht, sträubt die Haare, damit es größer wirkt, und faucht. Es zieht die Oberlippe hoch und fletscht die großen Zähne. Die Ohren stehen nach vorne und die Rute steif nach oben.

Dies sind nur einige der vielen Signale, die Wölfe austauschen, wenn sie ihre Streitereien schlichten. So kennt jedes Tier seinen Platz, herrscht über andere oder wird von anderen beherrscht. Dieses Verhalten erleichtert die Zusammenarbeit, wenn sie gemeinsam auf Beutefang gehen.

Das Rudel bedient sich auch besonderer Zeichen, die anderen Rudeln mitteilen, daß sie sich von ihrem Revier fernhalten sollen. Dazu gehört das Setzen von Duftmarken. Die Revierherren heben das Bein und verspritzen ihren Urin an den Grenzen gegen Bäume oder Büsche.

Außerdem heulen Wölfe laut, um ihre Anwesenheit bekanntzumachen. Ein Rudeltier wirft den Kopf zurück und stößt ein ohrenbetäubendes Geheul aus. Schnell stimmen die anderen mit ein, bis sie solch einen Lärm veranstalten, daß sie acht bis neun Kilometer weit gehört werden können. Da die meisten Reviere ungefähr so groß sind, können sie in einem Augenblick all ihre Nachbarn wissen lassen, wo sie sich aufhalten. Dadurch vermeiden sie gewaltsame Zusammenstöße mit feindlichen Rudeln.

Offensichtlich ist der Wolf nicht die wütende Bestie der Legende. Nun, da wir ihn besser kennen, sollten wir ihn respektieren, statt ihn zu fürchten. Er ist der Vorfahr aller vierhundert Hunderassen, die wir heute haben, und schon das sagt etwas über seine wahre Natur aus. Wenn er uns den »besten Freund des Menschen« geschenkt hat, kann er kein wütendes Untier sein. Er setzt seine scharfen Zähne nur ein, weil er hungrig, und nicht, weil er grausam ist. Wölfe sind vorbildliche Eltern, treue Gefährten und Fremden gegenüber scheu. In der Ver-

gangenheit mag er der Feind der Bauern gewesen sein, doch heute sollte er als eines der faszinierendsten Tiere gesehen werden, die in der Wildnis überleben – und er sollte die Chance bekommen, dort zu leben, wo es noch Wildnis gibt.

Das Flußpferd

Flußpferde sind die größten im und am Süßwasser lebenden Tiere der Welt. Ihre Heimat sind die Flüsse und Seen des tropischen Afrika. Ein erwachsenes Männchen wiegt bis zu dreitausend Kilogramm, das Weibchen ist nicht ganz so schwer.

Trotz seiner ungeheuren Größe braucht das Flußpferd nicht viel Nahrung, denn es führt ein sehr bequemes Leben ohne besondere Anstrengungen. Es verbringt den ganzen Tag mehr oder weniger untergetaucht im warmen Wasser, suhlt sich im Uferschlamm oder schwimmt an der Wasseroberfläche. Das Wasser trägt den massigen, walzenförmigen Körper, und so verbringt es Stunde um Stunde, ohne sich viel zu bewegen. Es gähnt bloß die ganze Zeit.

Bei Nacht kommt es zum Weiden an Land. An den mit saftigen Gräsern bewachsenen Flußufern verbringt es dann fünf bis sechs Stunden. Flußpferde warten mit der Nahrungsaufnahme bis lange nach Sonnenuntergang und begeben sich lange vor dem Morgengrauen – gewöhnlich vor vier Uhr morgens – wieder ins sichere Wasser. Vielleicht bleiben ein paar hungrige Tiere etwas länger, doch selbst die machen sich vor Sonnenaufgang auf den Rückweg.

Die jüngeren Tiere verbringen die meiste Zeit an Land, während die alten und kräftigen Männchen am längsten im Fluß bleiben und als erste wieder zurück sind. Ihre Aufgabe als Verteidiger des Territoriums hält sie anscheinend länger im Wasser als die anderen.

An Land benutzen Flußpferde feste Trampelpfade, die sie schon seit Jahren kennen, und die Jungtiere treten auf den Wanderungen zu ihren Weiden mit ihren kurzen Beinen buchstäblich in die Fuß-

stapfen ihrer Vorfahren. Entlang dieser Pfade setzen die ausgewachsenen Tiere als Duftmarken immer wieder ihren Kot ab.

Wenn die Nahrungssuche es verlangt, legt ein Flußpferd in der Nacht bis zu fünfundzwanzig Kilometer zurück. Nachdem es mit seinem fünfzig Zentimeter breiten Maul seine Portion Gras abgepflückt und verschlungen und vielleicht auch noch einige heruntergefallene Früchte gefunden hat, stapft es die altbekannten Pfade wieder zurück ins Wasser, wo es einen weiteren Tag verdöst.

Das klingt so, als gäbe es überhaupt keine Aufregung in einem Flußpferdleben, doch es gibt auch Zeiten, in denen es bei ihnen laut und gewalttätig zugeht – dann nämlich, wenn zwei Flußpferdbullen sich um ein Territorium im Wasser streiten.

Jedes Männchen hat ein eigenes Revier, über das es allein herrscht. Dort lebt es mit seinen Kühen und Kälbern. Andere Bullen duldet es in diesem Revier nicht. Wenn sie sich dennoch hineinwagen, werden sie sofort herausgefordert. Ein schrecklicher Kampf beginnt, der über eine Stunde dauern kann, bis eines der Männchen – meist der Besitzer des Reviers – das andere verjagt hat.

Ein Flußpferdkampf beginnt mit gegenseitigen Scheinangriffen. Wütende Flußpferdbullen gehen nicht sofort aufeinander los. Bevor sie anfangen, einander zu beißen, spielen sie ein großes Repertoire an Drohgebärden durch, ohne sich zu berühren. Meist reicht das schon aus, um zu zeigen, wer der Ranghöhere ist. Erst wenn zwei Männchen gleich stark sind, gibt es blutige Auseinandersetzungen.

Die gängigste Drohgebärde ist das Absetzen von Kot. Wenn sich zwei Flußpferdnachbarn an der Grenze ihrer Reviere treffen, strecken sie sich das Hinterteil entgegen und geben Kot ab. Dabei schlagen sie ihre ruderförmigen kurzen Stummelschwänze hin und her, so daß der Kot so weit wie möglich in der Umgebung verteilt wird. Das mag nun als eine sehr seltsame Drohgebärde erscheinen, doch der Kot trägt den ganz spezifischen »Duft« der rivalisierenden Männchen und dient als Zeichen, mit dem sie einander ihre Kampfbereitschaft mitteilen.

Wenn ein Männchen sich im Wasser in das Territorium eines Rivalen vorwagt, wird es dramatisch. Die Tiere stürzen wütend aufeinander zu, brüllen laut, richten sich auf und lassen sich wieder auf die Wasseroberfläche fallen. Geräuschvoll blasen sie Luft durch die Nasenlöcher, schöpfen mit dem Maul Wasser und spritzen es hoch in die Luft.

Erst wenn keiner von beiden nachgibt

bluten. Glücklicherweise heilen die Wunden schnell, wenn der Kampf vorüber ist.

Das unterlegene Männchen senkt schließlich demütig den Kopf und kriecht auf dem Boden. Nach seinem Rückzug wird es wieder ruhig am Fluß, und die Flußpferde dösen weiter vor sich hin.

Flußpferde können für Menschen ebenso gefährlich werden wie für die rivalisierenden Artgenossen. Kleine Boote, die sich in das Revier eines besonders aggressiven Männchens wagen, werden manchmal angegriffen und umgeworfen, weil sich das Flußpferd bedroht fühlt.

Afrikanische Buschmänner, die an den riesigen tropischen Flüssen leben, in denen Flußpferde zu Hause sind, jagen die großen Tiere seit Jahrhunderten ihres Fleisches wegen. Auf der Jagd mit Harpunen und Speeren riskieren sie oft ihr Leben. Die ausladenden Kiefer des Tieres sind kräftig: Ein wütendes Flußpferd kann einen Menschen mit einem einzigen Biß zerteilen.

und sich zurückzieht, schlagen sich die Flußpferdbullen gegenseitig mit den imposanten Eckzähnen auf Kopf und Körper. Dabei tragen beide Gegner viele Wunden davon, und die glatte, haarlose Haut fängt an zu

Wenn ein Flußpferd erregt ist, kann es überraschend schnell schwimmen, indem es mit seinen kurzen Beinen wie ein Hund paddelt. So plump es an Land sein mag, so gewandt bewegt es sich im Wasser. Unter wasseraufnahmen zeigen, wie elegant ein schwimmendes Flußpferd aussieht.

Der Körper des Flußpferdes ist sehr gut an das Leben im Wasser angepaßt. Alle wichtigen Sinnesorgane befinden sich oben auf dem Schädel. Die kleinen Ohren, die verschließbaren Nasenlöcher und die großen Augen ragen aus dem Wasser hervor, ohne daß der übrige Körper vom Ufer aus sichtbar wäre. Das Flußpferd kann mühelos fünf Minuten lang untertauchen, vielleicht sogar bis zu fünfzehn Minuten unter Wasser bleiben. Es wurde schon behauptet, daß Flußpferde eine halbe Stunde lang tauchen, doch das ist vermutlich übertrieben.

Das einzige Problem dieser Tiere ist, daß sie mit schnellen Strömungen nicht zurechtkommen und sich möglichst in stehendem Wasser aufhalten müssen. Wenn sie in eine Stromschnelle geraten, werden sie leicht flußabwärts getragen und entfernen sich weit von ihren Territorien. In seltenen Fällen wurden Flußpferde bis auf die offene See hinausgetrieben und haben bewiesen, daß sie über sehr weite Strecken schwimmen können, wenn sie dazu gezwungen sind. Sie haben schon Entfernungen von etwa fünfunddreißig Kilometern von der afrikanischen Küste bis zur Insel Sansibar überwunden.

Manchmal hieven Flußpferde sich tagsüber aus dem Wasser und legen sich auf weichen Sandbänken in die Sonne. Dabei wechseln sie oft überraschend ihre Farbe. Die glatte Haut des Flußpferds enthält besondere Schleimdrüsen, die eine rote Flüssigkeit absondern. Daher kommt die Redensart, daß das Flußpferd »Blut schwitzt«. Das rote Pigment des Schleims bietet einen besonderen Schutz gegen Sonnenbrand – das Flußpferd produziert sein eigenes Sonnenöl. Außerdem verhindert die Flüssigkeit, daß sich die vielen beim Kampf geschlagenen Schnittwunden entzünden.

Kälber werden gewöhnlich unter Wasser geboren. Sobald sie den Körper der Mutter verlassen haben, schwimmen sie schnell zur Wasseroberfläche und holen das erste Mal Atem. Später suchen sie bei der Mutter nach Milch und saugen an einer der beiden Zitzen. In den ersten Tagen werden sie unter Wasser gesäugt, wo sie vor herumstreifenden Raubtieren sicher sind.

Kurz vor der Geburt verläßt die Flußpferdkuh ihre Gruppe. Einige Wochen später schließen sich Mutter und Kind ihren Artgenossen wieder an, und das Neugeborene darf mit den anderen Jungen spielen. Manchmal läßt es sich im Wasser von der Mutter tragen. Von ihrem breiten Rücken aus hat es einen besseren Überblick über seine kleine Welt.

Viele Flußpferdkälber werden getötet, bevor sie ein Jahr alt sind, denn es gelingt ihren Müttern nicht immer, sie erfolgreich zu verteidigen. Ihre schlimmsten Feinde sind Löwen, Leoparden und Hyänen. In selteneren Fällen werden sie von Krokodilen angegriffen. Wenn das kleine Flußpferd allen Raubtieren entkommt und zu voller Größe heranwächst, hat es eine hohe Lebenserwartung von etwa fünfzig Jahren.

Es gibt heute zwei Arten von Flußpferden. Außer dem Großflußpferd oder Nilpferd, das überall im tropischen Afrika lebt, gibt es noch das weitaus seltenere Zwergflußpferd, das nur in einer kleinen Region Westafrikas vorkommt. Ein Nilpferd wiegt soviel wie zwölf Zwergflußpferde zusammen.

Zwergflußpferde leben nicht in Gruppen wie ihre größeren Vettern. Sie sind gewöhnlich Einzelgänger. Während der Paarungszeit jedoch verbringen die Bullen und Kühe eine kurze Zeit miteinander. Später kümmern sich die Kühe allein um den Nachwuchs. Wie beim Nilpferd wird nur ein einziges Jungtier geboren.

Das Zwergflußpferd ist in den Flüssen

dichter, sumpfiger Wälder zu Hause. Es legt am Uferstreifen tiefe, tunnelartige Pfade an, die vom Wasser zu den Weiden führen. Das Tier ist sehr scheu und wird nur selten in freier Wildbahn beobachtet.

Die alten Griechen nannten das Tier »Hippopotamus«, Pferd des Flusses, weil sie glaubten, es sei mit dem Pferd verwandt. Obwohl wir heute wissen, daß seine nächsten Verwandten die wilden Schweine sind, haben wir den Namen beibehalten – vielleicht, weil der Name »Flußschwein« einem derart eindrucksvollen Tier nicht gerecht würde.

Der Gepard

Vor vielen Jahren wurde einmal gewettet, wer schneller sei, der Windhund oder der Gepard. Die Frage lautete: Der Windhund ist sicher der schnellste Hund und der Gepard die schnellste Katze – welches Tier jedoch würde gewinnen, wenn man ein Wettrennen veranstaltete? Die Antwort darauf ist nicht einfach, denn der Windhund ist ein Haustier, das daran gewöhnt ist, Strecken zu laufen, die der Mensch ihm vorgibt, während der Gepard in der Savanne des tropischen Afrika zu Hause ist.

Tatsächlich wurden damals einige Geparde ausfindig gemacht, die zahm genug waren, daß man sie auf einer Rennbahn laufen lassen konnte. Sie wurden 1937 nach London gebracht, und der große Wettstreit konnte beginnen. Die Hundebesitzer waren sehr siegessicher, als sie sahen, daß die Geparde die engen Kurven der ovalen Rennbahn nicht mochten. Sie blickten auf ihre Stoppuhren und stellten zufrieden fest, daß der beste Windhund im Durchschnitt zweiundfünfzig Stundenkilometer gelaufen war. Als sie jedoch den besten Gepard stoppten, waren sie überrascht: Er erreichte eine Geschwindigkeit von sechzig Stundenkilometern. Die schnellste Katze hatte den schnellsten Hund geschlagen.

Hätte man das Wettrennen in freier Wildbahn abgehalten, wäre der Unterschied noch deutlicher gewesen, denn in ihrer natürlichen Umgebung erreichen Geparde erstaunliche Geschwindigkeiten von siebzig bis achtzig Kilometern in der Stunde. Der Gepard ist der schnellste Sprinter der gesamten Tierwelt. Kein anderes Tier kann es mit ihm aufnehmen.

Und dafür gibt es einen Grund: Vom mächtigen Tiger bis zur Hauskatze haben alle Mitglieder der Katzenfamilie die Angewohnheit, sich versteckt bis zum letzten Moment an ihre Beute heranzuschleichen, um sich dann blitzschnell über kurze Distanzen auf sie zu stürzen. Der Gepard lebt jedoch in der Steppe, wo es sehr schwierig ist, sich zu verbergen. Zu Beginn der Jagd kann er zwar ruhig auf seine Beute warten, wobei sein geflecktes Fell ihm eine gute Tarnung bietet, aber er kommt meist nicht sehr nah an sie heran. Kaum ist er aus der Deckung hervorgebrochen, liegt ein langer Sprint über durchschnittlich zweihundert Meter vor ihm, bis er sein Opfer eingeholt hat.

Der Körper des Gepards ist gut an diese Lebensweise angepaßt. Er ist überschlank, hat sehr lange Läufe und einen langen Schwanz, der ihm dabei hilft, das Gleichgewicht zu halten. Sein Kopf ist klein, die Ohren sind kurz und rund. Als einzige Katze kann er seine Krallen nicht zurückziehen. Wie die eines Hundes sind sie stumpf und immer sichtbar. Beim Rennen aber verleihen sie dem Tier – wie die Spikes eines Sprinters – eine bessere Bodenhaftung.

Ist der Gepard erfolgreich und holt seine Beute – meist eine schnelle Antilope oder Gazelle – ein, schlägt er sie mit einer Vorderpfote zu Boden. Da das Beutetier meist selbst gerade seine Höchstgeschwindigkeit erreicht hat, wird es durch den Prankenhieb mit einem Schlag zu Fall gebracht. Der Gepard kommt zum Stehen, stürzt sich auf das Tier und beißt ihm in die Kehle. Es erstickt innerhalb weniger Augenblicke. Zwischen dem Beginn der Jagd und dem Tod des Opfers liegen nur ein paar Sekunden.

Ist der erfolgreiche Jäger ein Weibchen mit halbwüchsigen Jungen, teilt es den Riß mit ihnen. Es zieht die Beute möglichst unter einen nahegelegenen Busch, wo die Familie ruhig im Schatten und außerhalb des Blickfeldes anderer Raubtiere fressen kann.

Die kleineren Jungen dürfen ihre Mutter nicht zur Jagd begleiten. Sie müssen sich hinter hohen Grasbüscheln oder im Gestrüpp verstecken, wenn sie auf Beutefang geht. Dort warten sie ruhig auf ihre Rückkehr. Alle paar Tage bringt die Mutter ihre Jungen in ein anderes Versteck, indem sie eines nach dem anderen im Maul fortträgt. Gepardenmütter sind allein für die Aufzucht ihres Nachwuchses zuständig.

Kurz nach der Geburt sind die Jungen sehr zart und tragen eine wunderschöne silberne Nacken- und Rückenmähne. Ein Wurf besteht gewöhnlich aus drei Jungen, die bei der Geburt ihre Krallen noch zurückziehen können. Diese Fähigkeit verlieren sie dann, wenn sie ungefähr zehn Wochen alt sind. Um diese Zeit wechselt auch die Farbe ihrer Mähnen, und bald sehen sie aus wie Miniaturausgaben ihrer Mutter. Im Alter von ungefähr drei Monaten werden sie entwöhnt, und wenn sie zwei Jahre alt sind, fangen sie selbst an, sich zu paaren.

Erst 1960 gelang in einem deutschen Zoo die erste erfolgreiche Züchtung von Geparden in Gefangenschaft, obwohl gezähmte Geparde Adligen und mächtigen Herrschern schon seit über fünftausend Jahren als Jagdbegleiter gedient hatten.

In alten Zeiten wurden Geparde jeweils zur Jagdsaison in Fallen gelockt, abgerichtet und dann von Höflingen zur Antilopenjagd mitgenommen. Wie Adler bekamen sie Augenkappen aufgesetzt. Wenn eine Antilope oder ein anderes Beutetier in Sicht war, entfernte man diese Kappe im letzten Moment und hetzte den »Jagdleopard«, wie er fälschlich genannt wurde, auf das fliehende Tier.

Hätte jeder Fürst nur einen oder zwei Geparde als Jagdbegleiter gehalten, wäre es nicht schlimm gewesen. Doch Herrscher sind oft habgierig und wollen ihren Freunden und Feinden imponieren. Daher legten sie riesige Stallungen voll gefangener Geparde an, und jeder wollte die größten und prächtigsten Ställe besitzen. Ein großer Herrscher rühmte sich, nicht weniger als eintausend Geparde gleichzeitig zu halten. Kein Wunder, daß die Zahl der Geparde über die Jahrhunderte so abnahm!

Geparde waren gewöhnlich in den Steppen Afrikas, des Nahen Ostens und in Teilen Asiens anzutreffen, doch heute sind nur noch wenige übrig. Es ist schon vierzig Jahre her, daß in Indien wilde Geparde gesehen wurden: In einer dunklen Nacht fuhr ein Mann mit seinem Wagen eine Landstraße entlang. Plötzlich erblickte er vor sich drei dieser wunderschönen Katzen, die von den Scheinwerfern des Wagens geblendet waren. Gelassen hielt er an, stieg aus und erschoß sie. Es waren wahrscheinlich die letzten Geparde des Subkontinents.

Auch im Nahen Osten und Westasien ist der Gepard fast ausgestorben, doch in unzugänglichen Regionen, in die Menschen nur selten vordringen, könnte es noch einige wenige Exemplare geben. In Afrika ist er in den Wildparks noch eine Touristenattraktion, doch selbst dort wird er immer seltener.

Das heutige Problem des afrikanischen Gepards ist nicht, daß er gejagt wird, sondern daß er zu beliebt ist. Jeder, der nach Afrika kommt, will diese schönen Katzen zu Gesicht bekommen. Um ihren Gästen einen Gefallen zu tun, fahren die Führer stundenlang suchend mit ihren Bussen durch die Gegend. Sobald sie einen Gepard entdecken, folgen sie ihm so dicht wie möglich, während die Touristen aus den Busfenstern fotografieren. Ruhen die Geparde gerade, macht ihnen das nichts aus, doch wenn sie jagen, fühlen sie sich von den Menschen gestört.

Dieses Problem wird immer größer. Es gibt so wenige Geparde und so viele Touristen, daß die Tiere in manchen Gebieten nicht mehr auf Beutefang gehen können, weil sie vom Morgengrauen bis zur Dämmerung einen Schwarm von Autos und Bussen hinter sich herziehen. Die Besucher wollen ihnen keinen Schaden zufügen, doch letzten Endes sind sie es – nicht die Jäger –, die heute dafür verantwortlich sind, daß der Gepard aus seiner natürlichen Umgebung, der afrikanischen Steppe, verschwindet.

Nach der letzten Zählung gibt es in ganz Afrika noch 25 000 Geparde. Diese Zahl ist nicht sehr groß, wenn man bedenkt, was für ein riesiger Kontinent Afrika ist. Wir müssen dafür sorgen, daß die Zahl der Geparde nicht weiter abnimmt.

Der Seelöwe

Früher, als es noch allgemein üblich war, Tiere als Artisten im Zirkus auftreten zu lassen, erfreuten sich vor allem Seelöwen großer Beliebtheit. Sie spielten auf Blasinstrumenten, balancierten Wasserbälle auf der Nase und applaudierten mit den Flossen. Die Zuschauer waren verblüfft, wie intelligent die Tiere sich verhielten und welche akrobatischen Fähigkeiten sie zeigten.

Erstaunlicherweise sah man den Tieren ihre Geschicklichkeit zunächst nicht an. Sie watschelten auf ihren Flossen in die Manege und bewegten so ihre massigen Körper unbeholfen vorwärts. Die Kinder lachten über ihre Hilflosigkeit. Dann plötzlich vollführten diese speckigen Gesellen mit geschmeidigen Bewegungen unglaubliche Kunststücke – der Gegensatz war frappierend. Es sah so aus, als würde ein Schwergewichtsringer Ballett tanzen. Wie ist dieses Phänomen zu erklären?

Um auf diese Frage eine Antwort zu finden und das Geheimnis dieser Tiere zu erforschen, müssen wir Seelöwen nicht an Land, sondern im Wasser beobachten. Dort sind sie ungeheuer gewandt und flink: Wenn sie einen Schwarm Fische jagen, bewegen sie ihre Hälse so schnell und sicher, daß man ihre Balancierkünste gut verstehen kann. Die Fische schwimmen wild durcheinander, um ihnen zu entgehen, und die Seelöwen müssen ihrer Beute blitzschnell folgen können, um die großen Mengen zu fangen, die sie jeden Tag zu ihrer Ernährung brauchen. Ein erwachsener Seelöwe verschlingt am Tag bis zu achtzehn Kilogramm Fische.

Die intelligenten, verspielten und neugierigen Jäger lebten aber nicht immer im Wasser. Ihre Vorfahren waren Landtiere.

Vor Millionen von Jahren zogen sie sich wieder ins Wasser zurück, und ihr Körper veränderte seine Form. Die Beine wurden zu Flossen umgewandelt, der Rumpf stromlinienförmig, und sie entwickelten eine dicke Speckschicht. Heute liegt ein zehn Zentimeter dickes Unterhautfettgewebe unter ihrem kurzen, geschmeidigen Fell. Dieses Fett ist wie ein schwerer Mantel, der sie im Wasser warm hält und ohne den sie schnell erfrieren würden.

Ein Nachteil dieser dicken Speckschicht ist, daß sie zwar gegen Kälte schützt, andererseits aber Probleme bei der Abfuhr überschüssiger Wärme macht. Die meisten Mitglieder der Robbenfamilie leben zwar in kälteren Gewässern, so daß ihr Körper nicht überhitzt wird, doch einige, wie zum Beispiel der Kalifornische Seelöwe, kommen auch in wärmeren Gebieten vor. Diese Tiere verschaffen sich auf besondere Weise Kühlung: Ihre Flossen sind großflächig mit glatter Haut überzogen, und direkt unter deren Oberfläche sitzen viele Blutgefäße. Die Tiere können nun regulieren, wieviel Wärme sie ableiten wollen. Je mehr Blut durch die Blutgefäße an der Hautoberfläche der Flossen fließt, desto schneller kühlt der Seelöwe ab. Eine Familie von Seelöwen, die nebeneinander im Wasser liegen und die Flossen wie Segel in die Höhe strecken, um sich durch eine Brise Kühlung zu verschaffen, ist ein seltsamer Anblick.

Alle Mitglieder der Robbenfamilie haben einen Mechanismus entwickelt, der ihre Nasenlöcher beim Tauchen automatisch verschließt. Außerdem kann mit der Zunge der hintere Teil der Kehle blockiert werden. So kann das schwimmende Tier unter Wasser das Maul öffnen und seine scharfen

Zähne zum Fischen benutzen, ohne daß es dabei Wasser schluckt.

Seelöwen und Seehunde sind sehr eng miteinander verwandt, doch man kann sie leicht auseinanderhalten. Bei den Seelöwen sind die kleinen Ohren an der Seite des Kopfes relativ gut ausgeprägt; bei den Seehunden liegen sie eng an und sind nur als kleine Löcher erkennbar. An Land können Seelöwen ihre Hinterbeine nach vorne legen und wie auf kurzen Beinen gehen. Dazu sind Seehunde nicht in der Lage. Sie robben mit ihren Vorderflossen vorwärts und schieben so ihre massigen Körper auf den Felsen voran.

Seelöwen können ungefähr fünf Minuten lang den Atem anhalten, und sie sind so gute, schnelle Taucher, daß sie selbst in dieser kurzen Zeit eine Tiefe von sechzig Metern erreichen. Einige andere Mitglieder der Robbenfamilie sind darin sogar noch besser. Sie bleiben zehnmal so lange unter Wasser und tauchen zehnmal so tief. Diese anderen Robben sind zwar im Wasser schneller, aber an Land ist der Seelöwe im Vorteil, denn er ist dazu fähig, sich am Strand »galoppierend« fortzubewegen.

Im Gegensatz zu den Walen und Delphinen gebären die Seelöwen an Land. Jedes Jahr im Frühling, wenn die Paarungszeit näherrückt, versammeln sich die männlichen Seelöwen auf einem Stück Strand. Ihr Bellen und Schreien ist weithin hörbar. Jedes Männchen versucht ein Territorium zu verteidigen, das es für das beste hält. Schließlich verteilen sich alle entlang der Küste und warten auf die Ankunft der Weibchen, die hochschwanger sind, wenn sie an Land kommen. Nun scharen alle Männchen so viele Weibchen wie möglich um sich. Die erfolgreichsten Bullen erobern einen Harem, der an die zwanzig Seelöwenkühe umfaßt, welche sie dann gegen rivalisierende Bullen verteidigen. Das hat zur Folge, daß noch viel mehr ge-

schrien, eingeschüchtert und gedroht wird. Immer wieder brechen Kämpfe aus, bei denen sich die Bullen oft gegenseitig verletzen. Sie haben dickere, massigere Hälse als die Weibchen. Diese zusätzliche Speckschicht mildert die schweren Bißwunden, die rivalisierende Männchen einander zufügen können. Ein Seelöwe mit klaffenden, blutenden Wunden ist kein ungewöhnlicher Anblick.

Sobald die Weibchen aus dem Meer kommen, gebären sie ihre Jungen. Jedes bekommt nur ein einziges Kalb, und bald werden die Neugeborenen von ihren Müttern gesäugt. Ihr junges Leben ist jedoch nicht immer sicher, weil die starken Männchen sich während ihrer Kämpfe unaufhörlich vor und zurück bewegen. Manchmal erdrücken sie eines der Jungen mit ihren Körpermassen. Da die Bullen viel größer sind als die Kühe, können die Weibchen ihren Nachwuchs oft nicht retten. Dennoch überleben die meisten Kälber und machen sich nach der Stillzeit zum ersten Mal auf den Weg hinaus aufs Meer.

In der Zwischenzeit paaren sich ihre Mütter von neuem mit den Männchen, und bald begeben sich alle für den Rest des Jahres wieder auf Nahrungssuche. Die Jungtiere folgen ihren Müttern ungefähr ein Jahr lang. Zu fressen finden sie mehr als genug, es sind stets genügend Fische vorhanden. Manchmal variieren sie ihre Speisekarte mit Tintenfisch oder dem einen oder anderen Seevogel.

Heute gibt es sechs Seelöwenarten, die alle eng miteinander verwandt sind. Der bekannteste ist der Kalifornische Seelöwe, der an der Westküste Nordamerikas lebt und von dem es etwa 50000 Exemplare gibt. Dessen Vetter, der Galapagos-Seelöwe, kommt nur in der Nähe der Galapagos-Inseln im Pazifischen Ozean vor. Von dieser Art gibt es nur 40000 Tiere.

Am seltensten sind der Neuseeland-See-

löwe mit nur noch 4000 Vertretern und der Australische Seelöwe, von dem nur noch 3000 Exemplare leben. Am verbreitetsten sind der Südliche Seelöwe (270 000 Tiere) und der Stellersche Seelöwe des Nordpazifik (250 000 Tiere).

Glücklicherweise können wir feststellen, daß, im Gegensatz zu manchen anderen großen Tierarten, die vom Menschen verfolgt und vielleicht bald ausgerottet werden, wenigstens der Seelöwe in unserer modernen Welt zu überleben weiß.

60

Das Zebra

Das Zebra ist das Wildpferd Afrikas. Obwohl es ganz anders aussieht als das uns bekannte Hauspferd, ist es, abgesehen von seinem herrlichen Fell, auch nicht anders gebaut als die Tiere, die wir im Stall oder auf der Rennbahn sehen.

Im Vergleich zum Hauspferd ist es allerdings viel schwerer zu zähmen. Das Pferd hat eine freundliche, kooperative Natur und läßt sich leicht zum Sklaven des Menschen machen. Das Zebra ist weniger gefügig und weigert sich, einen Menschen auf dem Rücken zu tragen. Als in Afrika einmal ein Film über eine Dschungelprinzessin gedreht wurde, entstand das Problem, daß laut Drehbuch die Hauptfigur auf einem zahmen Zebra reiten sollte. Da kein solches Tier aufgetrieben werden konnte, mußte die Filmgesellschaft ein weißes Pferd engagieren und die Besitzerin dazu bringen, ihm schwarze Streifen zu malen.

Da Zebras nie domestiziert wurden, findet man sie heute nur im Grasland des tropischen Afrika, ihrer ursprünglichen Heimat. Dort leben sie in kleinen Familiengruppen mit einem Hengst, dessen Harem von Stuten und deren Jungen. Der Hengst verwendet viel Energie darauf, seine Familie zu bewachen, damit keines der Tiere sich verirrt.

Aus respektvoller Entfernung beobachten ihn die anderen, weniger erfolgreichen Männchen. Die Hengste scharen sich in Gruppen zusammen und warten auf den Tag, an dem sie selbst stark genug sein werden, um sich in den Besitz einer Stutengruppe zu bringen. Von Zeit zu Zeit fordert einer dieser Junghengste ein älteres Männchen zum Kampf heraus. Wenn er gewinnt, verdrängt er den Älteren und übernimmt dessen Harem.

Ein Junghengst kann auch dadurch zum Familienoberhaupt werden, daß er die Trennung der Jungstuten von ihren Familien abwartet. Sie vollzieht sich, wenn die Stuten erwachsen werden. Halbwüchsige Tiere verlassen die Familien und gehen ihre eigenen Wege. Die Junggesellen beobachten diese Vorgänge aufmerksam und warten den rechten Zeitpunkt ab, um in die Familiengruppe einzudringen und so viele junge Stuten um sich zu scharen, wie sie kontrollieren können. So werden neue Familien gebildet.

Wie die Pferde bringen auch Zebras fast immer nur ein Fohlen zur Welt. Zwillinge sind sehr selten. Kurz vor der Geburt sucht die Stute einen ruhigen Ort auf. Wenn sie beunruhigt oder erregt ist, verzögert sie die Geburt, wenn nötig über mehrere Tage. Erst wenn sie spürt, daß der richtige Augenblick gekommen ist, bringt sie ihr Fohlen zur Welt. Wenn sie die Geburt nicht hinauszögern könnte, würde das Neugeborene viel häufiger die Beute lauernder Raubtiere werden.

Nach der Geburt hat das kleine Zebra keine Zeit zu verlieren. Es wäre viel zu gefährlich, lange schwach auf dem Boden zu liegen, wenn beständig hungrige Raubtiere auf Beutesuche sind. Innerhalb von zehn Minuten ist es auf den Beinen und wird bald darauf von der Mutter gesäugt. Seine langen dünnen Beine scheinen von Sekunde zu Sekunde kräftiger zu werden. Schon eine halbe Stunde nach der Geburt schließt es sich der Herde an.

Wenn die Familiengruppe ruht, beleckt die Mutter den Ankömmling immer wieder und nimmt so seinen individuellen Geruch auf. Gleichzeitig lernt auch das Fohlen den Geruch der Mutter kennen. Zwischen Stute und Fohlen wächst eine innige Beziehung.

Mit fortschreitendem Alter lernt das junge Zebra alle Mitglieder seiner Herde voneinander zu unterscheiden – nicht nur an ihrem Geruch, sondern auch an der charakteristischen schwarzweißen Fellzeichnung. Jedes Zebra hat sein eigenes Streifenmuster, das, wie der menschliche Fingerabdruck, einmalig ist.

Von Tag zu Tag kann das Fohlen besser mit der Gruppe mithalten. Die Mutter säugt und schützt es, so gut es geht, doch wenn die Tiere vor einem Rudel Löwen oder Wildhunden fliehen, ist das Fohlen manchmal nicht schnell genug. Jungtiere werden oft von der Herde getrennt, wenn die Gruppe in Panik durcheinanderrennt. Sie sind dann besonders gefährdet. Viele Zebras werden erbeutet, bevor sie ausgewachsen sind.

Sobald die Jäger sich zurückgezogen haben, rufen die Zebras einander. Jedes hat seinen eigenen Ruf, und die Tiere erkennen sich an der Stimme, so daß sie bald wieder als Familie zusammenfinden.

Zebras erkennen sich also am Geruch, am Streifenmuster und an der Stimme. Nachts oder wenn sie nah beieinander stehen, verlassen sie sich auf ihren Geruchssinn. Die Streifen sind nützlich, wenn sie nicht allzuweit voneinander entfernt sind, und die Stimme der Tiere reicht über große Entfernungen. Diese drei Formen der Verständigung erleichtern das Zusammenleben von Tieren, die Familienverbände bilden, um zu überleben.

Manchmal sind Zebras sehr mutig. Sie fliehen nicht immer, wenn ihnen die Raubtiere zu nahe kommen. Wenn eine Stute sieht, daß ihr Fohlen attackiert wird, kann sie plötzlich sehr angriffslustig werden. Auch der Hengst wird dann aggressiv. Jagd-

erfahrene Löwen wissen das und schützen sich dementsprechend, doch Junglöwen, die zum ersten Mal jagen, sind meist nicht darauf vorbereitet. Zebras können Großkatzen durch Huftritte schwer verletzen. Es wird berichtet, daß sie einmal sogar einen Menschen angegriffen haben: Ein Wilderer, der ein Zebrafohlen getötet hatte, wurde von den Mitgliedern der Familie getreten und zu Tode gebissen.

Nach einem Jahr ist das junge Zebra selbständig und wird von der Mutter nicht mehr gesäugt. Eine Jungstute bleibt noch ein weiteres Jahr bei ihrer Gruppe, Junghengste verlassen ihre Familie im Alter von vier Jahren und schließen sich einer nahen Junggesellengruppe an. Drei Jahre darauf fangen sie an, die älteren Hengste herauszufordern und sie aus ihren Familien zu drängen. Im fortgeschrittenen Alter von ungefähr achtzehn Jahren sind die Hengste meist nicht mehr stark genug für solche Kämpfe, werden vertrieben und sich selbst überlassen. Wenn sie noch jung sind, verjagen sie die Herausforderer allerdings schnell.

Der Tagesablauf der Herde wird vom Wetter bestimmt. Wenn es regnet, wandern die Tiere kaum und bleiben gewöhnlich in der Nähe ihrer Schlafplätze. Wenn die Sonne scheint, machen sie sich bei Tagesanbruch im Gänsemarsch auf den Weg und verbringen die folgenden Stunden mit Fressen, Trinken und Ruhen. Am späten Nachmittag marschieren sie wieder zu ihren Lieblingsschlafplätzen, wo sie die Nachtstunden verbringen. In der Nacht werden drei Ruheperioden eingeschaltet, die von kurzen Weidegängen unterbrochen sind.

Wenn in der Trockenzeit alle Wasserlöcher austrocknen, ändert sich diese Lebensweise. Im Gegensatz zu Kamelen etwa müssen Zebras regelmäßig trinken. Wenn sie innerhalb von drei Tagen kein Wasser

finden, sind sie nahe am Verdursten. In Trockenperioden schließen sich die kleinen Familiengruppen darum zu Herden von Hunderten von Tieren zusammen und ziehen sich in feuchtere Gebiete zurück. Sie wandern oft über große Entfernungen, doch Zebras sind kräftige Tiere und können stundenlang traben, ohne zu ermüden.

Während der Rast verbringt das Zebra einen großen Teil der Zeit damit, Körperpflege zu betreiben. Dazu hat es eine ganze Reihe von Möglichkeiten: Es beknabbert sein Fell mit den Lippen und Zähnen, zuckt mit der Haut, schlägt mit seinem langen Schwanz oder stampft mit den Beinen auf, um Insekten abzuwehren. Wie ein Hund kratzt es sich mit dem Hinterbein. Wenn die Haut juckt, scheuert es sich an Baumstämmen und Zweigen, oder es legt sich auf den Boden und wälzt sich im Staub und Sand.

Bei der gegenseitigen Hautpflege stellt sich ein Zebra neben das andere, wobei die Köpfe in entgegengesetzte Richtungen weisen. So können sie sich einander die Fliegen vom Kopf wischen. Oder sie stehen parallel zueinander und beknabbern sich Hals und Mähne an Stellen, die sie selbst nicht erreichen können.

Das große Geheimnis der Zebras ist, warum sie eine so auffällige schwarzweiße Fellzeichnung tragen. Die herkömmliche Erklärung besagt, daß die Streifenzeichnung der Zebras als Tarnung wichtig ist, doch das stimmt nicht. In der offenen Savanne Afrikas ist es sehr einfach, eine Gruppe Zebras zu erkennen; ihre Streifen tarnen sie keineswegs. Daher muß es noch eine andere Erklärung geben.

Vielleicht hat die schwarzweiße Zeichnung die Aufgabe, ein angreifendes Raubtier derart zu verwirren, daß sein Sprung zu kurz gerät. Einem anderen Erklärungsversuch zufolge bringen die Streifen einen Löwen in Verwirrung, weil er nicht mehr weiß, wo das eine Zebra endet und das andere beginnt. Ein Löwe, der zum Angriff übergeht, hat es daher schwer, sich auf ein Opfer zu konzentrieren.

Eine weitere Hypothese besagt, daß Zebras anhand der Streifen unterschiedliche Rassen feststellen können. Heute gibt es drei Zebraarten. Im Grasland Ostafrikas lebt das Steppenzebra, im Norden das seltene Grevyzebra und im Süden das noch seltenere Bergzebra. Könnte es sein, daß die unterschiedlichen Streifenmuster die Funktion von »Flaggen« haben, die den Tieren auf dem »Schlachtfeld« zeigen, wo sie ihre eigenen »Truppen« finden? Dieses Argument überzeugt nicht, weil die Streifen aus einiger Entfernung völlig gleich aussehen. Um die Unterschiede festzustellen, muß man schon sehr nahe herankommen, und aus dieser Nähe erkennt man auch jedes Tier persönlich.

Auf dem Hinterteil zeigen die Tiere allerdings ganz verschiedene Streifenmuster. Das Steppenzebra hat breite, kräftige Streifen; das Grevyzebra zeigt einen zentralen, schwarzen Streifen, der von einem weißen Feld umgeben ist; und das Bergzebra weist ein feines, gitterartiges Muster auf. Dies ist kein Zufall, denn die Tiere sehen auf der Flucht am deutlichsten das Hinterteil ihrer Artgenossen. Wenn sie in Panik fliehen, können sie der eigenen Art folgen. Auf diese Weise bleiben die Herden zusammen.

Eine andere Theorie sieht in der Zeichnung der Zebras ein Signal für Insekten. Man behauptet, daß Stechmücken auf den leuchtend weißen und schwarzen Streifen nur ungern landen und weniger auffälliges Fell vorziehen. Diese Hypothese wird von der Tatsache gestützt, daß Zebras im tropischen Afrika viel weniger unter Krankheiten leiden als zum Beispiel Hauspferde, die

STEPPENZEBRA   GREVYZEBRA   BERGZEBRA

vom Menschen dorthin gebracht wurden. Vielleicht schützen sie tatsächlich die Streifen ihres Fells.

Es gibt noch mehr Theorien zur Erklärung des Streifenmusters der Zebras, doch keine überzeugt völlig. Auf diese Frage müssen junge Zoologen in den kommenden Jahren noch eine Antwort suchen.

Das Kamel

Das Kamel ist das einzige große Tier, das in der sengenden Hitze der Wüste ohne Schwierigkeiten überlebt. Kleinere Wüstentiere wie Ratten und Mäuse verkriechen sich in ihre Höhlen tief in der Erde; erst bei Nacht, wenn es angenehm kühl ist, kommen sie hervor und laufen herum. Wie kann das riesige Kamel Stunde um Stunde und Tag für Tag das gleißende Sonnenlicht ertragen?

Das Kamel ist ein Höckertier, und viele Leute glauben, daß sein Höcker einen Wasservorrat enthält. Angeblich braucht das Kamel diesen Vorrat tagsüber, wenn es in der steigenden Sonne immer stärker schwitzt. Dieses Gerücht wird zwar wieder und wieder verbreitet, aber es ist und bleibt falsch. Das Kamel besitzt keinen Wasservorrat, weder im Höcker noch anderswo. Es beugt einer Überhitzung auf ganz andere Art vor.

Das wahre Geheimnis des Höckers – der nichts weiter ist als eine große Ansammlung von Fett – besteht darin, daß er eine gute Isolierung gegen die brennende Sonne darstellt. Die empfindlicheren inneren Organe des Kamels werden durch das Fettpolster richtiggehend abgeschirmt. Und warum sieht das Kamel von vorn oder hinten betrachtet so schlank aus? Weil es so gebaut ist, daß es den Sonnenstrahlen am Mittag, wenn die Sonne im Zenit steht, nur wenig Körperoberfläche aussetzt. Säße das Fett, wie bei den meisten anderen Tieren, überall im Körper verteilt, ginge die Kühlung verloren. Statt eines Sonnenhutes wäre das Fett dann so etwas wie ein schwerer Wintermantel und würde die Körpertemperatur anheben, statt sie zu senken.

Zusätzlich dient das Fett des Höckers auch als Nahrungsspeicher für schlechte Zeiten. Viele Tiere entwickeln eine Fettschicht unter der Haut, wenn genug Futter vorhanden ist, und brauchen diese Vorräte auf, wenn das Futter knapp wird. Die Kamelhöcker sind also eine Art Speisekammer, die man überallhin mitnehmen und bei Bedarf plündern kann.

Weil die unglaublich heißen Temperaturen der Wüste manchmal 50°C übersteigen, hat das Kamel noch einen weiteren Schutz. Sein zweites Geheimnis ist, daß es nicht darunter leidet, wenn seine Körpertemperatur sehr hoch oder sehr niedrig ist.

Wenn du je mit Fieber im Bett gelegen hast, weißt du, daß man sich fürchterlich schlecht fühlt, wenn die Körpertemperatur 38°C übersteigt. Menschen ertragen nur sehr geringe Schwankungen der Körpertemperatur. Beim Kamel ist das anders. Tagsüber, wenn die Sonne alles aufheizt, steigt seine Körperwärme bis auf 40,5°C an, und dabei schwitzt es nicht einmal. In der Nacht, wenn es sehr kalt wird, sinkt die Körpertemperatur bis auf 35°C, ohne daß es dabei friert.

Das Kamel speichert also während des Tages Wärme und gibt sie nachts ab. Am Morgen ist es dann bereit, wieder »aufgewärmt« zu werden. Ohne diese Fähigkeit müßte es, wie andere Tiere, durch Schwitzen und Hecheln Körperwärme ableiten. Dadurch würde es allerdings Wasser verlieren, und das kann sich das Kamel nicht leisten. Die Wüste ist nicht nur sehr heiß, sondern auch sehr trocken, und manchmal müssen Kamele tagelang ohne Wasser auskommen, während sie die dürren Sandwüsten durchqueren. Wenn sie sich wie die Menschen abkühlen würden, indem sie in

Schweiß ausbrechen, würden sie schnell austrocknen und zusammenbrechen.

Beim Durchqueren der Wüste ist es für ein Kamel so wichtig, jeglichen Wasserverlust zu vermeiden, daß es nicht einmal Urin produziert. Es ist eigentlich lebensnotwendig, Urin abzugeben, weil dadurch Abfallstoffe ausgeschieden werden. Solche Abfallstoffe werden im Urin buchstäblich aus dem Körper geschwemmt. Diesen Wasserverlust kann sich das Kamel aber nicht leisten, und deshalb wird es seine Abfallstoffe auf ganz andere Art los. Wenn seine Körpertemperatur ansteigt, verarbeitet es seine gesamten Stoffwechsel-Endprodukte über den Magen, ohne die Niere, die Urin produziert, einzuschalten. So werden alle gefährlichen Chemikalien seines Körpers als trockener Kot ausgeschieden und so gut wie kein Urin abgegeben.

Wenn Kamele in Oasen auf die für sie so kostbaren Quellen stoßen, trinken sie gierig und nehmen innerhalb von wenigen Minuten neunzig Liter Wasser auf. Auch der Benzintank eines Rolls-Royce faßt nicht mehr Flüssigkeit, aber es gibt einen Unterschied: Der Rolls-Royce kommt nur einen Tag mit einer Tankfüllung aus, das Kamel

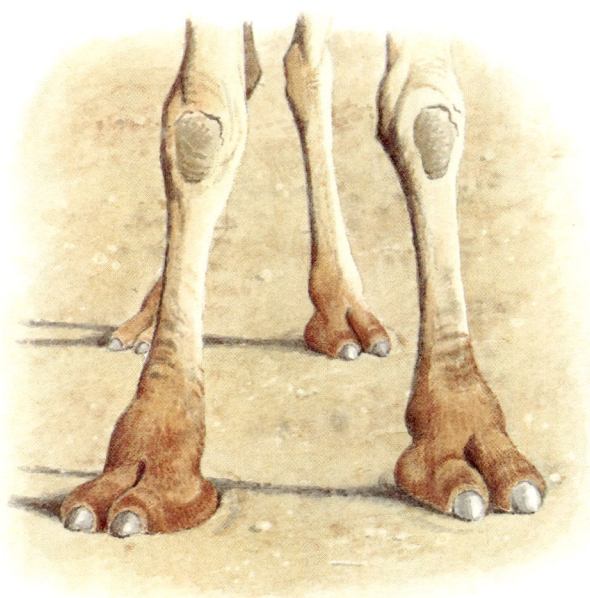

aber zwei Wochen. Man kann es wirklich als den »Rolls-Royce der Wüste« bezeichnen.

Das Leben in der Wüste wirft ein drittes Problem auf. Dort ist es nicht nur heiß und trocken, sondern auch sehr sandig, und es ist schwer, sich auf sandigem Boden fortzubewegen. Pferde ermüden schnell, weil sie ständig einsinken. In der Wüste braucht man große und flache Füße – und auch die gehören zur Spezialausrüstung des Kamels. Es waren Kamele, die es den alten Völkern ermöglichten, über den gesamten Nahen Osten mit seinen riesigen Wüsten hinweg Handel zu treiben. Sie spielten so eine wichtige Rolle bei der Entwicklung früher Zivilisationen.

Trotz seiner hervorragenden Anpassung an die Bedingungen der Wüste wurde das Kamel nie als so kostbar angesehen wie das Pferd. Ganz im Gegenteil, viele Leute wenden sich angeekelt ab, wenn sie zum ersten Mal ein Kamel sehen. Oft wird es als stinkend, laut, störrisch und häßlich beschrieben. Das ist nicht sehr fair einem großartigen Tier gegenüber, das so erstaunlich gut an seine Umgebung angepaßt ist.

Es stimmt zwar, daß es schlecht riecht, doch selbst diese Eigenschaft kam ihm im Krieg zugute. Schon früh entdeckte man, daß Kamele in einer Schlacht Pferde allein durch ihren Gestank erschrecken und in die Flucht schlagen konnten.

Es ist auch richtig, daß das Kamel laut und störrisch ist. Im Gegensatz zum fügsamen Pferd läßt es sich nicht gern vom Menschen abrichten und kontrollieren. Es ist aber nicht dumm. Es ist nur seine Widerspenstigkeit, die es dem Menschen als dumm erscheinen läßt.

Sein Aussehen ist eine Frage des Geschmacks. Im Zoo oder Zirkus mag es nicht sonderlich schön sein, doch wenn es elegant durch die Sandwüste zieht, wirkt es beeindruckender als jedes andere Tier.

Wenn man das Kamel eingehender betrachtet, stellt man fest, daß sein Gesicht sehr außergewöhnlich ist. Obwohl manche Leute es als unfreundlich empfinden, muß selbst der schärfste Kritiker zugeben, daß es die schönsten Wimpern der gesamten Tierwelt besitzt. Das ist kein Zufall. Die Augen des Kamels müssen in der Wüste, wo durch den Wind ständig Sand aufgewirbelt wird und es heftige Sandstürme gibt, besonders geschützt werden. Dann wirken die langen Wimpern wie ein Vorhang, der die empfindlichen Augäpfel vor Verletzungen schützt.

Einen weiteren Schutz vor Sandstürmen bieten die verschließbaren Nüstern des Kamels. Wenn sie geöffnet sind, zeigen sie riesige Nasenlöcher, doch sobald Sand durch die Luft fliegt, schließt ein besonderer Mechanismus sie zu Schlitzen.

Das Kamel hat sehr lange, gummiartige Lippen. Die Oberlippe ist gespalten und der Mund insgesamt sehr beweglich. Er ist auch für das Abweiden von trockener und oft dorniger Vegetation geeignet. Das Kamel frißt Büsche und Gestrüpp, die kein anderes Tier auch nur anrühren würde. Es streckt seinen langen gebogenen Hals nach allen erreichbaren Blättern und Schößlingen aus.

Das Sozialverhalten der Kamele kennt man nur von entlaufenen Hauskamelen, die in entlegenen Gebieten für sich selbst sorgen mußten. Diese Tiere bilden kleine Herden, die jeweils aus einem Männchen und zwischen sechs und zwanzig Weibchen bestehen. Die schwächeren Männchen bilden Junggesellengruppen und bleiben solange für sich, bis eines mutig genug ist, den Leithengst der Familie herauszufordern. Dann kommt es zu einem erbitterten Kampf, und jedes Männchen versucht, so angriffslustig wie möglich zu wirken.

Zu Beginn des Kampfes wird der kurze Schwanz auf und ab geschlagen. Der Hals wird gesenkt und wieder gehoben. Dabei geschieht etwas sehr Außergewöhnliches:

Gurgelnd und Speichel versprühend pressen die Männchen eine Hautblase von der Größe eines Luftballons aus dem Maul hervor. In einer eindrucksvollen Drohgebärde stülpen sie ihren Kehlsack von innen nach außen. Die großen, gummiartigen Hautblasen hängen ihnen aus den Mundwinkeln. Des gurgelnden Geräusches wegen, das die drohenden Tiere von sich geben, wird dieser Ballon »Goulla« genannt. Schließlich greift ein Tier das andere an, indem es nach den Beinen und vor allem nach dem Hals des Gegners beißt. Dabei geht es darum, den Hals des Rivalen mit dem eigenen Hals fest zu Boden zu drücken. Dadurch wird der ganze Körper niedergezwängt und vom Gewicht des triumphierenden Siegers erdrückt.

In der Türkei wurden Kamelkämpfe dieser Art gewöhnlich zur Volksbelustigung veranstaltet. Wegen seiner Grausamkeit wurde dieser sogenannte Sport 1967 abgeschafft.

Heute gibt es zwei Kamelarten: das dickfellige zweihöckrige Kamel der Trockengebiete Innerasiens und das schlankere einhöckrige Kamel der Wüsten Nordafrikas und des Nahen Ostens. Wem angeboten wird, auf einem Kamel zu reiten, der sollte sich erkundigen, ob es einen oder zwei Höcker hat. Es ist viel einfacher, zwischen den Höckern zu sitzen, als auf einem einzigen Höcker zu balancieren.

Dennoch wurde das einhöckrige Kamel, das auch als Dromedar bekannt ist, darauf abgerichtet, Rennen zu laufen. Dieses »Vollblut«-Rennkamel erreicht erstaunliche Geschwindigkeiten. Über weite Entfernungen schlägt es das schnellste Rennpferd. Die Jockeys sind gewöhnlich Knaben, die sich, wenn die Tiere galoppieren, besser im Sattel halten können als Erwachsene.

Kamele wurden vor ungefähr sechstausend Jahren domestiziert. Sie wurden hauptsächlich über große Entfernungen als Lasttiere verwendet, aber auch geritten und sogar vor den Pflug gespannt.

Trotz Autos und Traktoren in ihren traditionellen Heimatländern ist das Kamel auch heute keineswegs selten. Zwar sind fast alle Wildkamele verschwunden, doch es gibt immer noch eine große Zahl entlaufener Hauskamele, die wandernde Herden bilden. Und man nimmt an, daß heute ungefähr vierzehn Millionen domestizierte Kamele auf der Welt leben. Davon sind zirka neunzig Prozent einhöckrig. Sie kommen in Nordafrika, dem Nahen Osten, Asien und in Teilen Australiens vor. Eines Tages werden sie vermutlich alle von modernen Maschinen ersetzt werden, doch vorerst kann man diese zähen, ausdauernden Tiere immer noch dabei beobachten, wie sie langsam und oftmals unter lautem Klagen ihre verschiedenen Aufgaben und Pflichten erfüllen. Für Touristen sind sie eine Attraktion, und für viele Menschen, die in Wüstengebieten leben, sind sie lebenswichtige und manchmal sogar lebensrettende Gefährten, die Woche um Woche und Monat für Monat täglich etwa zwanzig Kilometer zurücklegen können.

Der Name »Wüstenschiff« paßt wirklich sehr gut zu ihnen.

Der Schimpanse

Der Schimpanse ist unser intelligentester Verwandter im Tierreich. Wird einem Schimpansen eine Aufgabe gestellt, löst er diese schneller als jeder andere Affe. Er ist uns so ähnlich, daß es manchen Leuten peinlich ist. Sie sind beunruhigt, weil diese cleveren Gesellen sie daran erinnern, wie nah wir der Tierwelt stehen. Doch darüber sollte sich niemand Gedanken machen. Ganz im Gegenteil – wenn wir Tiere mögen und respektieren, sollten wir auf unsere Vettern stolz sein.

Was für ein Tier ist also unser nächster Verwandter? Schimpansen leben in den tropischen Wäldern Westafrikas. Dort beschäftigen sie sich einen großen Teil des Tages mit der Nahrungssuche. Meist gehen sie dabei auf allen vieren, wobei sie sich auf die Fingerknöchel stützen, nicht auf die Handflächen. Neugeborene Schimpansen hängen am Bauch der Mutter, wenn die Gruppe wandert; ältere Junge werden auf dem Rücken getragen.

Sobald Gefahr droht, flüchten die Tiere auf die Bäume und halten von hier aus Ausschau. Wenn sich ein Raubtier, zum Beispiel ein Leopard, nähert, schwingen sie sich von Baum zu Baum oder rotten sich zusammen und verjagen ihn gemeinsam, indem sie schreien, kreischen und mit Zweigen werfen.

Wenn die Gefahr vorüber ist, begeben sie sich wieder auf die Futtersuche. Wenn sie einen Baum mit süßen, saftigen Früchten finden, halten sie sich lange dort auf und schlemmen. Insgesamt verbringen sie so ein Drittel des Tages. Sie leben stets von der Hand in den Mund und legen nie Vorräte an, weil alles, was sie brauchen, überall um sie herum wächst.

Den Schimpansen steht eine große Auswahl an Nahrung zur Verfügung. Zusätzlich zu den vier Stunden, die sie jeden Tag mit dem Verzehr von Früchten verbringen, futtern sie weitere zwei Stunden lang saftige junge Blätter und Triebe. Außerdem fressen sie auch Samen, Nüsse, Blumen und sogar Rinde. Ihre tägliche Kost umfaßt ungefähr zwei Dutzend verschiedene Pflanzen. Innerhalb eines Jahres nehmen sie mehrere hundert verschiedene Pflanzenarten zu sich.

Sehr lange war man der Ansicht, daß Schimpansen reine Pflanzenfresser sind, doch das entspricht nicht den Tatsachen. Sie suchen auch nach Insekten, vor allem nach Termiten, indem sie Stöckchen tief in die Gänge von Termitenbauten stecken. Die Termiten beißen sich wütend an den Stöcken fest, worauf die Affen sie wieder herausziehen und die Insekten mit den Lippen so abstreifen, daß sie ihnen in den Mund fallen und bequem geschluckt werden können.

Zum Stochern suchen sie sich zunächst einen passenden Stock, von dem sie alle Blätter und Zweige entfernen. Das beweist, daß sie Werkzeuge nicht nur benutzen, sondern auch herstellen. Noch vor einigen Jahren wurde behauptet, daß der Mensch das einzige Lebewesen sei, das Werkzeuge herstellt, und daß ihn dies von anderen Primaten unterscheide. Diese Position ist nicht mehr haltbar.

Erst vor wenigen Jahren wurde entdeckt, daß Schimpansen auch recht große Beutetiere wie etwa Schweine, kleinere Affen und sogar Antilopen jagen, töten und fressen. Wenn sie auf Beutefang gehen, verhalten sie sich wie primitive menschliche Jäger. Einige treiben die Beute vor sich her, andere umzingeln und töten sie. Der Körper wird in Stücke gerissen, und die stärksten Schimpansen tun sich an dem Fleisch gütlich. Gesellen sich gute Freunde dazu, wird die Beute geteilt, während andere Artgenossen abgewiesen werden. Da die Jagd nicht zu den Hauptaktivitäten der Schimpansen gehört, teilen sie die Beute nicht gleichmäßig unter sich auf, wie andere Fleischfresser, etwa Wölfe oder Wildhunde, es tun.

Eine weitere neue Entdeckung ist, daß wildlebende Schimpansen sehr viel mehr Werkzeuge erfunden haben, als wir annahmen – in manchen Gebieten nicht weniger als siebzehn verschiedene Arten. So hat man zum Beispiel beobachtet, wie Schimpansen Fliegenpatschen gegen Parasiten benutzten, große Blätter als Toilettenpapier und Hammer und Amboß zum Aufbrechen harter Schalen. Auf der Jagd setzen sie Steine gezielt als Wurfgeschosse ein, sie schleudern Stöcke, wenn sie sich gegen Feinde verteidigen, und sie stellen aus zerkauter Rinde Trinkschwämme her, mit denen sie Wasser aufsaugen. An ihrem Erfindungsreichtum kommt kein anderes Tier des Waldes heran.

Wenn sie nicht gerade fressen, rasten die Schimpansen auf einer Lichtung und ruhen sich aus. Jetzt ist Zeit zur gegenseitigen Fellpflege, zum Dösen und zum Spielen. Es ist für die Tiere lebenswichtig, Fell und Haut in gutem Zustand zu halten. Sie verwenden viel Zeit darauf, einander genau zu untersuchen. Diese gegenseitige Pflege hat aber auch eine soziale Seite, denn sie festigt die freundschaftlichen Beziehungen unter den Schimpansen. Außerdem können nur so Körperteile saubergehalten werden, die mit den eigenen Händen nicht erreichbar sind.

Während die erwachsenen Schimpansen sich ausruhen, spielen die Jungen in ihrer Nähe. Wenn sie noch sehr klein sind, haben die Mütter ein wachsames Auge auf sie, um sicherzugehen, daß sie nicht weglaufen, gepiesackt werden oder sich weh tun.

Schimpansen spielen sehr ausgiebig. Sie jagen sich, ringen und kämpfen miteinander und schwingen sich mit akrobatischem Geschick von Ast zu Ast. Wenn sie zum Spaß miteinander kämpfen, setzen die Tiere ein besonderes »Spielgesicht« auf, welches den anderen signalisiert: »Ich meine es nicht ernst, ich spiele nur.« Dabei ist der Mund offen, doch die Lippen bedecken die Zähne. Gleichzeitig geben sie ein leises Grunzen von sich – ihre Version eines Lachens. Das ist wichtig, damit spielerisches Balgen nicht mit einem richtigen, ernsten Kampf verwechselt wird. Nach dem Menschen hat der Schimpanse das ausdrucksstärkste Gesicht in der gesamten Tierwelt.

Am Abend klettern die Schimpansen in die Bäume und lassen sich dort zur Nacht nieder. Im Gegensatz zu den kleineren Affen jedoch setzen sie sich nicht einfach auf einen Ast und schlafen ein. Sie bauen sich ein Bett, auf dem sie sich niederlassen können. Dazu biegen sie sich kleine Äste zurecht oder knicken sie um, so daß ein Polster aus Blättern und Zweigen entsteht. Dann strecken sie sich darauf aus und probieren, ob ihre Matratze elastisch und weich genug ist. Wenn nicht, suchen sie noch mehr Zweige, bis sie mit ihrer Konstruktion zufrieden sind und sich zur Ruhe begeben.

Schimpansenjunge schlafen in den schützenden Armen ihrer Mütter. Diese bekommen jeweils nur ein Junges, das mit ihnen das Nest teilt und ihre Milch trinkt, bis sie nach ungefähr drei Jahren ein neues Baby bekommen. Selbst nach der Ankunft des Neuankömmlings, der die gesamte Aufmerksamkeit der Mutter in Anspruch nimmt, bleibt das ältere Junge in ihrer Nähe. Sie beschützt und versorgt es weiterhin

über mehrere Jahre. Schimpansen genießen eine lange Kindheit und fangen erst im Alter von ungefähr zehn Jahren an, sich fortzupflanzen.

Das größte Geheimnis des Schimpansen für die Forscher heute ist, wozu er ein so großes Gehirn besitzt. Warum ist er so intelligent? Andere Affen mit viel kleinerem Gehirn haben dieselbe Lebensweise, sammeln Früchte, Nüsse und Samen, leben in einer sozialen Gruppe, pflegen sich gegenseitig

zeigen, wie sie sich ausdrücken können. Man kann ihnen zum Beispiel beibringen, komplizierte Maschinen zu bedienen. Sie können außerdem eine einfache Zeichensprache erlernen, so daß man mit ihnen mit Händen und Fingern »reden« kann. Sie können sogar einfache Bilder auf Papier malen, wobei sie sorgfältig nach einem bestimmten Muster Linien ziehen. Bislang haben sie zwar noch nichts gemalt, was wir wiedererkennen könnten, doch ihre Kritze-

ENTSPANNT

KREISCHEND

AGGRESSIV

AUSGELASSEN

das Fell und spielen wie Schimpansenkinder, wenn sie klein sind. Es ist darum schwer nachzuvollziehen, warum gerade der Schimpanse so klug ist.

Wir wissen, wie intelligent Schimpansen sich verhalten, wenn ihnen Menschen

leien beweisen, daß sie Muster anordnen, Zeichen zusammenfügen und sich an einen vorgegebenen Rahmen halten können. Es ist falsch zu behaupten, daß diese Menschenaffen eine »Sprache« haben oder im menschlichen Sinne »Künstler« sind, doch sie haben diesen Stand fast erreicht. Die angeführten Entdeckungen lassen darauf schließen, daß der Schimpanse ein hervorragendes Gehirn besitzt, das er jedoch im täglichen Leben nur benutzt, um einige einfache Werkzeuge zu erfinden.

Eine faszinierende Idee, die von einigen Forschern vorgebracht wurde, ist die, daß Schimpansen einst in ihrem Verhalten viel mehr den Menschen ähnelten, aber zu einer eher den Affen entsprechenden Lebensweise zurückkehrten. Vielleicht lagen ihre Vorfahren im Wettstreit mit frühen menschlichen Jägern, verloren den Wettbewerb und zogen sich in die Wälder zurück? Wir Menschen machten uns dann die Welt untertan, während die Affen in ihren Rückzugsgebieten sicher aufgehoben waren.

Dort hatten sie nur wenig Feinde und genossen ihr einfacheres Leben.

Dieses Leben ist heute wegen der hohen Bevölkerungszahlen im tropischen Afrika zum ersten Mal ernsthaft gefährdet. Die menschlichen Siedlungen dehnen sich immer mehr in die Wälder aus, die Bäume werden gerodet und das Land für den Akkerbau nutzbar gemacht. Man nimmt an, daß es noch mehr als 50000 Schimpansen gibt, doch ihre Zahl nimmt von Jahr zu Jahr ab. Der Schimpanse ist noch kein seltenes Tier, könnte jedoch in wenigen Jahrzehnten gefährdet sein, wenn die Landwirtschaft sich weiterhin unkontrolliert ausbreitet. Es wäre ein großer Verlust, wenn der nächste Verwandte des Menschen ausgelöscht würde.

Das Gürteltier

Jedes Tier ist unablässig auf der Hut, nicht gefressen zu werden. Wo immer es auch lebt, es ist von Raubtieren umgeben, gegen die es sich irgendwie verteidigen muß. Einige Tiere verstecken sich, um nicht gesehen zu werden. Manche entkommen ihren Verfolgern auf schnellen Beinen, und andere stellen sich dem Kampf mit spitzen Stacheln, scharfen Zähnen oder tödlichem Gift.

Zusätzlich zu diesen drei Verteidigungsarten gibt es noch eine vierte – den Panzer. Viele Tiere schützen sich, indem sie eine Art Rüstung tragen; so auch der faszinierende südamerikanische Armadillo (spanisch für »der Gepanzerte«), das Gürteltier. Der knöcherne Panzer des Gürteltieres ist so hart, daß nur wenige Raubtiere ihn öffnen können. Selbst die stärksten Tiere Südamerikas ziehen gewöhnlich andere Leckerbissen vor.

Für ein Tier, das ruhig und einfach lebt, scheint ein Panzer die beste Lösung zu sein, doch er hat auch Nachteile: der Körper wird steif und starr, die Bewegungen schwerfällig. Das unterscheidet gepanzerte Tiere von anderen.

Tiere, die statt des Panzers ein weiches Fell oder Federn haben, bewegen sich gewandter. Naturkatastrophen wie zum Beispiel Waldbränden oder Überschwemmungen entkommen diese Tiere leichter, und wenn die Nahrung knapp wird, wandern sie einfach in einen anderen Lebensraum ab. Sie können mühelos klettern, hüpfen, gleiten oder fliegen.

Im Gegensatz dazu muß sich ein gepanzertes Tier mit einem recht eingeschränkten Leben abfinden: Was es durch seinen Panzer an Schutz gewinnt, verliert es an Beweglichkeit.

Wie hat das Gürteltier dieses Problem gelöst? Nun, es wird einmal dadurch wendiger, daß sein Gürtelpanzer unterbrochen ist. Ohne den Schutz des Panzers zu verlieren, gewinnt das Tier so an Bewegungsfreiheit, und sein Körper wird biegsam. Das Gürteltier besitzt in der Körpermitte mehrere bewegliche Bänder. Es kann sich zu einer Kugel zusammenrollen oder wieder entrollen, indem es diese Bänder öffnet und schließt.

Im Gegensatz zur Schildkröte, die nur einen einzigen großen Rückenschild trägt, ist der Panzer des Gürteltieres durch diese Bänder zweigeteilt – in den vorderen Schulterschild und den hinteren Beckenschild. Es sieht ein bißchen aus wie ein mechanisches Spielzeug, und wenn man es zum ersten Mal sieht, kommt es einem vor, als könnte man es mit dem Schlüssel aufziehen.

Die verschiedenen Gürteltierarten unterscheiden sich auch durch die Anzahl der Bänder. Manche, zum Beispiel das Dreibinden-, das Sechsbinden- und das Neunbinden-Gürteltier, werden sogar nach der Zahl ihrer Bänder benannt.

Weil die kleinen Gürteltiere den Panzer über diese Bänder bewegen können, sind sie in der Lage, auf ihren kurzen Beinen recht flink zu laufen. Sie erreichen zwar nie Geschwindigkeiten, mit denen sie einem schnellen Jäger entkommen würden, doch wenn sie von weitem hören, daß sich ein Feind nähert, können sie sich zumindest verstecken. Im Unterholz haben sie den großen Vorteil, daß sie durch ihren Panzer im dornigen Gestrüpp besser geschützt sind als ihr Verfolger. Ein Raubtier wird es sich gut überlegen, ob es sie dort aufspüren will.

Mit kurzen Trippelschritten bringt sich das flüchtende Gürteltier in Sicherheit. Wenn es sich nicht gleich in seine Erdhöhle zurückziehen kann, fängt es sofort an, eine neue zu graben. Mit seinen Vorderbeinen scharrt es die Erde auf und wirft sie nach hinten, bis es entweder völlig im Boden verschwunden oder nur noch die harte, knöcherne Schale sichtbar ist. So wartet es darauf, daß die Gefahr vorübergeht. Halb eingegraben ist es auch kaum aus seinem Versteck hervorzuziehen. Es zwängt sich, so gut es geht, in seine Höhle und bewegt sich nicht. Das Raubtier sieht nur den glatten,

harten gekrümmten Rücken, und diese Kugel läßt sich nicht knacken, auch wenn es das Maul noch so weit aufreißt.

Wenn das Gürteltier eingeholt wird, bevor es sich eingraben kann, muß es sich ganz auf seinen Panzer verlassen. Manche Gürteltierarten können sich so fest zusammenrollen, daß alle Weichteile völlig versteckt sind. Das Dreibinden-Gürteltier rollt sich bei einem Angriff fast kugelrund zusammen und verschließt die Stelle, an der beide Enden aufeinandertreffen, mit dem Kopf und dem Schwanz, die ebenfalls mit dicken Hornplatten bedeckt sind.

Besser kann sich das Gürteltier nicht ver-

teidigen, denn kein Raubtier schafft es, die knöcherne Kugel ins Maul zu nehmen. Es kann noch so sehr zubeißen, immer wieder rutschen seine Zähne an der harten Oberfläche ab. Schließlich gibt es auf und sucht sich ein leichteres Opfer. Das Gürteltier aber wartet, bis alles wieder ruhig ist, dann rollt es sich auf, sieht sich um und bringt sich in Sicherheit.

Es soll aber auch schon Situationen gegeben haben, in denen diese Methode der Selbstverteidigung völlig versagte. Einmal zum Beispiel wanderte in Südamerika ein Jäger einen Pfad an einem Hang entlang. Leise trottete eine Familie von Dreibinden-Gürteltieren etwas weiter oben am Hügel auf ihn zu. Als die Tiere den Jäger erblickten, rollten sie sich schnell zu festen Kugeln zusammen und kullerten den Abhang hinunter, bis sie direkt vor den Füßen des Jägers auf dem Pfad liegenblieben. Der bückte sich, steckte seine leichte Beute in die Tasche und ging vergnügt weiter.

Wenn ein Gürteltier an einen Wasserlauf kommt, kann es in Schwierigkeiten geraten. Wegen des Panzers ist es im Verhältnis zu seiner geringen Größe sehr schwer und muß aufpassen, daß es nicht ertrinkt. Eine Gürteltierart hat dafür eine bemerkenswerte Technik entwickelt: Bevor diese Tiere ins Wasser gehen, atmen sie tief ein und füllen ihren Körper mit Luft. Während ein Mensch, der tief Atem holt, bevor er taucht, nur seine Lunge mit Luft füllt, kann dieses Gürteltier nicht nur seine Lunge, sondern auch seinen Magen und seinen Darm aufpumpen. Dann treibt es sicher wie ein Ballon auf der Wasseroberfläche dahin.

Allerdings muß das Tier natürlich während des Schwimmens den Atem anhalten. Würde es ausatmen, sänke es wie ein Stein. Deshalb kann es sich nicht sehr lange über Wasser halten. Doch selbst dieses Problem hat das Gürteltier gelöst: Es kann den Atem sechs Minuten lang anhalten. Damit hat es

Zeit genug, einen Fluß zu überqueren oder sich schwimmend in Sicherheit zu bringen.

Denselben Trick benützt das Gürteltier, wenn es auf Nahrungssuche geht. Es jagt alle kleinen Tiere, die in der Erde leben, vor allem Insekten. Mit seinem Geruchssinn kann es seine Beute noch in einer Tiefe von zwanzig Zentimetern im Boden aufspüren. Dann scharrt es hektisch mit den Vorderbeinen, behält die Nase aber tief in der Erde und versucht, möglichst viele Tiere ausfindig zu machen. Dabei muß es ebenfalls zeitweise den Atem anhalten, damit kein Staub in seine Atemwege gerät.

In Südamerika gibt es heute noch zwanzig Gürteltierarten. Die Spannweite reicht vom eindrucksvollen Riesengürteltier, das etwas über einen Meter lang wird, bis zur kleinen Gürtelmaus, die nicht mehr als zwölf Zentimeter mißt.

Am weitesten verbreitet – von Argentinien bis nach Mittelamerika – ist das Neunbinden-Gürteltier. Es lebt sogar in den südlichen Gebieten der Vereinigten Staaten, wo viele Tiere nachts dem Straßenverkehr zum Opfer fallen. Weil es Insekten frißt, wird es von den Bauern meist in Ruhe gelassen. In Florida und anderen Südstaaten der USA wurde es schon als natürlicher Insektenvernichter ausgesetzt.

Seltsamerweise bringt das Neunbinden-Gürteltier immer Vierlinge zur Welt. Jedesmal, wenn ein Weibchen wirft, bringt es entweder vier identische Männchen oder vier identische Weibchen hervor. Kein Männchen hat je eine Schwester und kein Weibchen je einen Bruder. Auch einige andere Gürteltierarten produzieren stets Vierlinge, bei einer Art werden sogar acht oder zwölf Junge geboren, wobei alle Mitglieder eines Wurfs ebenfalls gleichen Geschlechts sind.

Als vielleicht erstaunlichste Tatsache gilt, daß einige der prähistorischen Vorfahren unserer heutigen Gürteltiere so groß waren wie Nashörner. Sie waren so riesig, daß ihre Panzer von den frühen Bewohnern des amerikanischen Kontinents als Hüttendächer verwendet wurden. Ein einziger Schild war über drei Meter lang – dagegen ist der des heutigen »Riesengürteltieres« klein. Ausgehöhlt und getrocknet ergab er ein perfektes Dach für die primitiven Hütten der ersten Indianer.

Die heutigen Gürteltiere sind zu klein, als daß ihre Panzer als Dächer verwendet werden könnten, doch in manchen Gegenden werden sie zu Gefäßen und Körben verarbeitet, wobei Kopf und Schwanz zu einem Handgriff zusammengebunden werden. In einigen Teilen Südamerikas werden ihre Panzer auch als Klangkörper für Musikinstrumente benutzt. Das heißt, daß viele dieser erstaunlichen Tiere getötet werden, um Touristen auf der Suche nach Souvenirs ein paar Dollar aus der Tasche zu locken. Für solche harmlosen Insektenfresser scheint mir das ein ungerechtes Schicksal zu sein.

Das Schnabeltier

Gäbe es einen Preis für das merkwürdigste Tier der Welt, das Schnabeltier würde ihn mit Leichtigkeit gewinnen. Dieses erstaunliche Säugetier, das in den Flüssen und Seen Australiens lebt, sieht aus, als sei es aus überzähligen Einzelteilen anderer Tiere zusammengesetzt. Der Schnabel scheint von der Ente, der Körper vom Otter und der Schwanz vom Biber zu stammen.

Als zum ersten Mal ein ausgestopftes Schnabeltier nach Europa gebracht wurde, waren die Leute überzeugt, es handle sich um einen Schwindel. Sie glaubten, in Australien habe jemand als Ulk die so unterschiedlichen Teile zusammengebastelt und versuche nun, sie als absonderliche neue Tierart auszugeben.

Inzwischen wissen wir, daß das Schnabeltier durchaus ein echtes Tier ist, aber man kann leicht nachvollziehen, warum die Fachleute, die vor etwa zweihundert Jahren als erste ein totes Exemplar sahen, Zweifel hatten. Spaßvögel hatten seit langem versucht, den Museen Streiche zu spielen, und die Mitarbeiter fürchteten begreiflicherweise, zum Narren gehalten und lächerlich gemacht zu werden. Museen hatten bereits getrocknete »Meerjungfrauen« erhalten, die in Wahrheit aus den Vorderteilen von Affen und den Hinterteilen großer Fische bestanden, die man kunstvoll zusammengenäht hatte. Besonders gut gemachte Stücke stammten aus China, wo man sie durchreisenden Seeleuten für teures Geld verkaufte. Unglückseligerweise hatte das Schiff mit dem ersten ausgestopften Schnabeltier aus Australien auf dem Heimweg in China angelegt, so daß man dachte, den gerissenen chinesischen Kaufleuten sei es wieder einmal gelungen, den Seeleuten Fabelwesen anzudrehen.

Es dauerte eine Weile, bis die Fachleute ihren Irrtum bemerkten, aber schließlich stellten sie fest, daß es sich tatsächlich um ein *echtes* Tier handelte, und zwar um eines, über das man nur staunen konnte. Als sie es gründlicher betrachteten, zeigte sich, daß das Schnabeltier sogar noch merkwürdiger war, als es auf den ersten Blick aussah. Nicht nur seine Körperform war sehr seltsam, auch seine Fortpflanzungsweise war mehr als eigentümlich. Es legte Eier wie ein Vogel, aber wenn die Jungen dann geschlüpft waren, säugte es sie mit Milch wie ein Säugetier.

Wir wissen heute, daß das Schnabeltier, abgesehen von ein paar stacheligen Ameisenfressern namens Schnabeligel oder Ameisenigel, das einzige Säugetier – von derzeit 4237 lebenden Arten – ist, das Eier legt. Es ist also wirklich eine Kuriosität.

Nachdem die Fachleute damit schon Grund genug zum Kopfschütteln hatten, entdeckten sie bald auch noch, daß das männliche Schnabeltier eine Geheimwaffe

besitzt, mit der es Feinde stechen und ihnen Gift einspritzen kann. Im Gegensatz zur Schlange, die ihr Gift aus hohlen Zähnen abgibt, hat das Schnabeltier dafür zwei spitze Sporne, je einen an der Innenseite der Hinterfüße, mit denen es nach Angreifern tritt. Trifft ein solcher Stachel den Arm eines Menschen, verursacht das höllische Schmerzen, und der Arm schwillt für mehrere Tage an wie ein Ballon – das tut so weh, daß jedermann dem Schnabeltier mit großem Respekt begegnet.

Nach diesen ersten Erkenntnissen waren alle von dem neuentdeckten Tier fasziniert, und bald wetteiferte man darum, soviel wie möglich über dieses eigentümliche Geschöpf zu erfahren. Hier die Ergebnisse:

Das Schnabeltier lebt in Erdhöhlen, die es in die Ufer von Flüssen oder Seen gräbt. Es legt schräg aufwärts führende Gänge an, an deren Ende sich eine Wohnhöhle befindet. Das bedeutet, daß der Schlafplatz des Schnabeltieres über dem Wasserspiegel liegt und vor Überflutung geschützt ist.

Dabei hat das Schnabeltier ein Problem: Alle vier Füße haben Schwimmhäute, so daß das Tier schnell schwimmen, aber eigentlich kaum graben kann. Die Schwimmhäute der Vorderfüße ragen sogar über das Ende der Zehen hinaus. Das verwandelt die Füße in fächerförmige Paddel, so daß das Schnabeltier aussieht, als würde es Schwimmflossen tragen. Wer jemals beim Schnorcheln Schwimmflossen benutzt hat, weiß, wie schwerfällig man damit an Land ist. Das geht auch dem Schnabeltier so. Wir Menschen können das Problem dadurch lösen, daß wir die Schwimmflossen ausziehen. Das Schnabeltier löst es, indem es die Schwimmhaut unter die Nägel zurückfaltet, wenn es an Land geht. Dann hat es seine kräftigen Krallen frei und kann seine Höhle graben.

Nach der Paarungszeit trennen sich die Männchen und die Weibchen. Das Männchen bleibt in der gewohnten Wohnhöhle, das Weibchen geht weg und baut seine eigene Bruthöhle, in der es die Jungen zur Welt bringt und aufzieht.

Wenn der Moment der Eiablage herannaht, polstert es seine Höhle sorgfältig mit nassen Blättern aus. Diese trägt es durch den langen Gang heran, und zwar nicht mit den Vorderfüßen oder dem Schnabel, sondern mit dem Schwanz, den es bauchwärts einrollt, um die Blätter festzuklemmen. Es ist wichtig, daß sie naß sind, denn das Weibchen muß seine Höhle feucht halten. So verhindert es, daß die Eier nach der Ablage austrocknen.

Nun macht das Tier etwas ganz Ungewöhnliches. Es geht zum Eingang seines Tunnels und kehrt dann zur Höhle zurück. Unterwegs bleibt es immer wieder stehen. Bei jeder Pause schaufelt es ein Häufchen Erde in den Raum hinter sich und klopft es mit dem Schwanz fest. Der gewundene Gang kann bis zu dreiunddreißig Meter lang sein, und auf dem ganzen Weg baut das Tier immer wieder solche kleinen Barrieren. Jeder dieser Pfropfen aus Erde ist ungefähr fünfzehn Zentimeter dick und schließt die kostbare Bruthöhle vollständig von der Außenwelt ab. Ein Räuber, der auf der Suche nach einer schmackhaften Mahlzeit in den Gang hineinschnüffelt, stößt alsbald auf den ersten Erdpfropfen des Schnabeltieres. Mißtrauisch kratzt er vielleicht daran oder drückt mit der Schnauze dagegen, stößt hindurch und befindet sich wieder in einem verheißungsvollen Gang. Er setzt seinen Weg fort, aber schon bald steht er vor der zweiten Barriere. Sein Interesse läßt bereits nach, aber vielleicht lohnt sich ein zweiter Versuch doch noch. Also wird auch der nächste Pfropfen weggescharrt. Aber schon kommt eine dritte Barriere, und das ist ihm einfach zuviel. Er gibt auf, macht kehrt und strebt dem Ausgang zu. Das Schnabeltier bleibt unbehelligt.

Sicher und behaglich sitzt das Weibchen in seinem versiegelten Nest und bereitet sich nun auf das Eierlegen vor. Normalerweise legt es nur zwei oder drei, die sich weich anfühlen, wenn man sie anfaßt. Das ist deshalb so, weil sie nicht wie Vogeleier zerbrechliche, spröde Schalen haben, sondern von einer gummiartigen Haut umgeben sind wie Reptilieneier.

fältig die Erdpfropfen, einen nach dem anderen. Wenn sie draußen ist, befeuchtet sie rasch ihr Fell und tritt dann ohne weitere Verzögerung den Rückweg an, wobei sie alle Erdpfropfen wieder einsetzt, um ihren Gang zu verschließen.

Die Jungen sind winzig, wenn sie schlüpfen – nicht einmal so lang wie ein Fingernagel. Die meisten australischen Säugetiere

Diese Eier kleben zusammen und bilden einen kleinen Klumpen. Der große, pelzige Körper der Mutter wärmt sie ungefähr zehn Tage lang, ehe die Jungen ausschlüpfen. Während dieser Zeit frißt die Mutter nichts. Obwohl sie Hunger hat, bleibt sie tagelang in der Höhle und rollt ihren Körper schützend um die junge Brut. Verläßt sie, was sehr selten ist, die Höhle doch einmal, bleibt sie nur ganz kurze Zeit weg, um sich schnell zu waschen und ihr Fell naß zu machen. Das tut sie wahrscheinlich ebenso der Eier wegen wie zu ihrem eigenen Wohl. Sie muß die Bruthöhle immer feucht halten, und das ist nicht leicht. Von Zeit zu Zeit das Fell naß zu machen kann dabei eine große Hilfe sein. Wenn sie daher das Gefühl hat, daß das Polster in ihrer Höhle zu trocken wird, macht sie sich auf den Weg durch ihren langen Gang und entfernt dabei sorg-

tragen ihre neugeborenen Jungen in einer behaglichen Bruttasche im Bauchfell der Mutter herum, aber das Schnabeltier hat keine Bruttasche und kann also seinen Jungen diesen Schutz nicht bieten. Deshalb ist es so wichtig, sie während der ersten Lebenswochen in einem sicheren, warmen Nest zu behalten.

Die Jungen beginnen bald, die Milch aufzulecken, die am Bauch aus dem weichen Fell ihrer Mutter austritt. Im Gegensatz zu anderen Säugetieren hat sie keine Zitzen, an denen die Jungen saugen können, daher müssen sie einfach die Nase in das Fell der Mutter stecken und die Milch ablecken, die sie aus den Poren ihrer Milchdrüsen absondert. Das ist eine sehr primitive Methode, die Jungen zu füttern, aber das Schnabeltier ist schließlich auch ein sehr primitives Säugetier.

Nach ungefähr sechzehn Wochen sind die Jungen soweit, daß sie zum ersten Mal schwimmen gehen und ihr Futter selbst suchen können. Sie machen sich auf den Weg durch den Gang, den die Mutter für sie öffnet, und platschen ins Wasser. Zuerst haben sie wenig Erfolg bei der Beutesuche, aber das ist nicht schlimm, denn die Mutter füttert und beschützt sie noch mehrere Wochen lang.

Einen Monat später können die jungen Schnabeltiere schließlich selbst für sich sorgen, und die Aufgabe der Mutter ist erfüllt. Seit dem Ende ihrer langen Fastenzeit, in der sie hungern mußte, um das Versteck ihrer Neugeborenen geheimzuhalten, hat sie eifrig gefressen und ihr volles Körpergewicht zurückgewonnen.

Nur wenige Tiere sind solche Vielfraße wie das Schnabeltier mit seinem Entenschnabel. Wenn du dir ein Bild davon machen willst, wie gefräßig es ist, mußt du dir vorstellen, daß du in einer einzigen Nacht eine Mahlzeit verschlingst, die fast soviel wiegt wie du selbst. Von einem gefangenen Schnabeltier ist bekannt, daß es als regelmäßige Tagesration 30 Flußkrebse, 450 Gramm Regenwürmer, 200 Mehlwürmer, 2 Frösche und 2 Hühnereier bekam.

Die meisten Tiere, die enorme Mengen Nahrung vertilgen, tun das, weil sie Futter mit geringem Nährwert zu sich nehmen, im allgemeinen Pflanzen. Aber das Schnabeltier frißt nahrhafte Tiere, so daß es zu den besternährten Tieren der Welt gehört. Ein freilebendes Schnabeltier jagt, schnappt und verschluckt alle möglichen Arten von Wassertieren, als würde es nie wieder etwas zu fressen bekommen: Außer Würmern, Fröschen und Flußkrebsen frißt es auch Krabben, Garnelen, Kaulquappen, Wasserinsekten und Wasserschnecken – alles kleine Getier, das sich bewegt. Das meiste wird aus dem Schlamm am Flußgrund

aufgestöbert, wobei der berühmte Entenschnabel zum Einsatz kommt.

Diese lange, seltsam aussehende Nase wird von einer weichen, haarlosen Lederhaut bekleidet und enthält unzählige äußerst empfindsame Nervenenden. Das Schnabeltier stößt die Nase in den Schlamm und gründelt, bis es auf ein geeignetes Beutetier stößt. Die riesige Schnabelschnauze kann dem Jäger augenblicklich melden, was sie berührt und ob es eßbar ist. Wenn es eßbar ist, öffnet sich der Kiefer, und die Beute wird gierig geschnappt.

Das Schnabeltier tut all das mit fest geschlossenen Augen und Ohren. Sie werden unter Wasser niemals geöffnet, was bedeutet, daß sich das Tier beim Jagen und Fressen ausschließlich auf seinen Tast- und Geruchssinn verlassen muß.

Da das Schnabeltier ein Säugetier mit Lungenatmung ist, kann es nicht sehr lange unter Wasser bleiben. Weil es auch ziemlich klein ist – nur etwa sechzig Zentimeter lang –, muß es ungefähr einmal pro Minute auftauchen, um zu atmen. Das bedeutet, daß der einzelne Beutezug nur kurz sein kann und Eile geboten ist.

Um Zeit zu sparen, schiebt das Schnabeltier die erjagte Beute gewöhnlich in spezielle Backentaschen. Dann taucht es mit prall gerundeten Backen auf, ruht sich einen Augenblick aus und beginnt, seinen Fang zu zermalmen. Erstaunlicherweise hat das ausgewachsene Schnabeltier dafür keine Zähne. Statt dessen ist sein Schnabel mit harten, hornigen Zacken und Platten versehen, mit denen es sein Futter zermahlt. Sobald es alles geschluckt hat, taucht es wieder ab und setzt sein eifriges Gründeln im Schlamm fort.

An einem normalen Tag jagt das Tier nur eine Stunde am Morgen und eine weitere Stunde am Abend, hält sich also nicht sehr lange im Wasser auf. Es kann sich an seinem nahrhaften Futter satt fressen und trotzdem noch viel Zeit übrigbehalten, um sich auszuruhen, zu schlafen, sein Fell zu putzen und seine Erdhöhle auszubauen.

Das klingt nach einer idealen Lebensweise, die sich ein jedes Tier wünschen könnte, und so war es auch, bis der Mensch der Neuzeit auf den Plan trat. Für die Schnabeltiere war das Schlimmste, was die Neuankömmlinge taten – abgesehen davon, daß sie sie um ihrer Felle willen jagten –, daß sie aus England Kaninchen mitbrachten. Die vermehrten sich nämlich millionenfach und gruben sich ebenfalls in die Flußufer ein, um ihre riesigen Baue anzulegen. Damit vertrieben sie das scheue, zurückgezogen lebende Schnabeltier von seinen angestammten Lieblingsplätzen.

Als die Menschen erkannten, daß die Kaninchen in Australien zur Plage wurden, und ihnen Fallen zu stellen begannen, war die Zeit der Gefahren für die Schnabeltiere keineswegs vorbei. Zwar gab es weniger Kaninchen, aber in die tödlichen Fallen, die man an den Fluß- und Seeufern aufgestellt hatte, gerieten auch die Schnabeltiere, die der Kanincheninvasion bis dahin standgehalten hatten.

Schließlich begannen die Fischer auch noch, eine neue Art von Fischfallen in die Flüsse zu setzen, und auch sie verursachten den Tod vieler Schnabeltiere. Wenn diese in die Fallen hineinschwammen, fanden sie nicht mehr hinaus. Da sie nicht an die Oberfläche gelangen konnten, um zu atmen, ertranken sie. So drohte das einstmals seiner Umwelt so gut angepaßte Tier eine seltene Art zu werden.

Zum Glück erkannte man mit der Zeit, daß dieses erstaunliche Tier auszusterben drohte, und stellte es unter Schutz. Heute verzeichnet man wieder stabile Bestände. Solange die australischen Flüsse nicht unter der Verschmutzung leiden, die in so vielen Teilen der Welt überhandnimmt, ist das ungewöhnliche Schnabeltier wohl in Sicherheit.

Der Tiger

In der Welt der Tiere ist der Tiger das mächtigste Raubtier, das auf die Pirsch geht. Als größte Katze, größer sogar als der mächtige Löwe, ist er der kraftvollste vierbeinige Jäger.

Die ganze Lebensweise des Tigers dreht sich um den Akt des Tötens. Wenn es Abend wird, macht er sich auf die Suche nach seiner Lieblingsbeute, gewöhnlich einem Stück Rotwild. Jeder ausgewachsene Tiger lebt und jagt allein. In den dichten Wäldern Asiens, in denen er zu Hause ist, hätte die Jagd in einer Gruppe wenig Erfolg.

Wenn er auf Beute aus ist, versucht der Tiger, so nahe wie möglich an sein Opfer heranzukommen, ohne gesehen zu werden. Dabei ist ihm sein herrlich gestreiftes Fell sehr nützlich. Die schwarzen Streifen, die in seinem orangegoldenen Fell verteilt sind, machen ihn beinahe unsichtbar, wenn er sich ganz still ins Unterholz duckt. Die Zeichnung verwischt die Umrisse seines Körpers und tarnt ihn.

Der Tiger schleicht sich nie in Windrichtung an seine Beute heran, denn die Brise würde dem Opfer den Geruch der Großkatze zutragen. Rotwild hat einen ausgezeichneten Geruchssinn und könnte sehr schnell wittern, daß Gefahr im Verzug ist. Daher muß der Tiger beim Anpirschen an seine Beute immer Gegenwind haben. So wird der Geruch des Opfers dem Jäger zugetragen, der über alle Bewegungen des Opfers Bescheid weiß, während sein eigener Geruch ohne Folgen hinter ihm im Wind verweht.

Der Tiger schleicht sich langsam an, macht immer wieder halt, duckt sich und gleitet dann vorsichtig weiter. Wenn er so nahe wie möglich herangekommen ist, bricht er schließlich aus der Deckung hervor und stürmt blitzschnell geradewegs auf sein Opfer los. Er ist so schwer, daß er nicht sehr weit spurten kann. Ist der Weg, den er im Spurt zurücklegen muß, länger als dreißig Meter, hat er wenig Aussicht auf Erfolg.

Trotz seiner ungeheuren Kräfte gelingt es dem Tiger nur etwa bei jedem zwanzigsten Versuch, seine Beute zu schlagen. Er geht beinahe jeden Abend auf die Jagd und versucht mehrmals pro Nacht, ein Tier zu erlegen, doch weil seine Beute so leichtfüßig und schnell ist, hat der Tiger nur etwa einmal in der Woche Jagdglück. Eine Tigerin, die Junge ernähren muß, strengt sich bei der Jagd mehr an und tötet etwa alle fünf Tage ein Tier.

Das Töten selbst geht schnell, und das Opfer leidet kaum. Der Tiger stürmt vorwärts, packt das Beutetier mit seinen beiden gewaltigen Vordertatzen und wirft es zu Boden. Die riesigen gebogenen, nadelspitzen Klauen bohren sich in das Fleisch der Beute und halten sie fest, während die Kiefer des Tigers den Nacken umklammern. Er hält sein Opfer am Boden fest, beißt ihm in die Kehle und drückt sie zu. Da er es hält wie ein Schraubstock, kann das Beutetier nicht atmen und liegt bald still und leblos da. Selbst nachdem die Großkatze ihr Opfer getötet hat, läßt sie dessen Hals manchmal minutenlang nicht los. Dadurch gewinnt sie Zeit, sich von der Aufregung der Jagd zu erholen, und vergewissert sich, daß ihre Beute auch wirklich tot ist.

Danach schleppt der Tiger die Beute ins Gebüsch und beginnt das noch warme

Fleisch zu fressen. Er kann ein Beutetier mit einem Gewicht von bis zu zweihundertdreißig Kilogramm schleppen. Man hat auch schon beobachtet, daß ein Tiger den Bauch eines besonders schweren Beutetieres aufschlitzte und die Eingeweide herausholte, damit es etwas leichter und bequemer zu tragen war. Gut geschützt im Unterholz, vor fremden Blicken verborgen, verschlingt der Tiger seine gewaltigen Mahlzeiten. Er kann bis zu dreißig Kilogramm Fleisch in einer einzigen Nacht vertilgen. (Das ist soviel, als würde man etwa dreihundert Hamburger auf einen Schlag verdrücken.)

Oft läßt der Tiger nicht eher von seiner Beute ab, bis er auch das letzte Restchen Fleisch von den Knochen genagt hat. Das kann mehrere Nächte dauern, wenn das erjagte Wild entsprechend groß war. Aasfresser finden bei Opfern von Tigern selten eine üppige Mahlzeit vor. Wenn ein Tiger aus irgendeinem Grund eine halb verzehrte Beute verlassen muß – vielleicht, um etwas zu trinken oder um nach seinen Jungen zu sehen –, bedeckt er den Kadaver vorher mit Blättern, Zweigen und Gräsern. Erst wenn die Beute vollständig vor den Blicken von Aasfressern verborgen ist, geht der Jäger weg. Und selbst dann kehrt er möglichst schnell wieder zurück.

Außer Rotwild töten und fressen Tiger auch Wildschweine, wilde Rinder und gelegentlich sogar junge Nashörner oder Elefanten; sie verschmähen aber auch das Vieh nahegelegener Farmen nicht. Ein paar seltene Fälle sind bekannt, in denen Tiger einen Leoparden getötet und gefressen haben. Das kommt aber wohl nur dann vor, wenn diese etwas kleinere Katze allzu interessiert um den Ort herumstreicht, an dem eine Tigerin ihre Jungen versteckt. Und ab und zu werden auch Menschen von einem Tiger angefallen und gefressen, aber das geschieht sehr viel seltener, als die Legende

uns glauben machen will. Der Tiger ist normalerweise sehr scheu gegenüber Menschen und geht ihnen möglichst aus dem Weg.

Bei seinen nächtlichen Jagden muß der Tiger oft kilometerweit laufen, und sein Revier ist riesig. Das Gebiet einer einzigen Tigerin kann bis zu fünf Kilometer lang und sechs Kilometer breit sein, das ist mehr Raum, als eine Stadt mittlerer Größe einnimmt. Der männliche Tiger benötigt sogar noch mehr Raum. Sein Revier kann bis zu acht Kilometer lang und zwölf Kilometer breit sein, das entspricht fast der Ausdehnung einer Großstadt.

Kein männlicher Tiger wird je ein anderes Männchen in seinem Revier dulden. Er weist es dadurch als seinen Bereich aus, daß er seinen stark riechenden Urin an markante Stellen wie etwa Baumstümpfe, Felsen oder Büsche spritzt. Diese persönlichen Duftmarken sind für jedes andere Männchen eine Warnung, daß es sich auf gefährlichem Boden befindet. Wenn es die Duftmarken ausgiebig beschnuppert hat, kehrt es gewöhnlich um und schlägt eine andere Richtung ein.

Der Tiger markiert sein Revier auch dadurch, daß er die Rinde von stehenden oder umgestürzten Baumstämmen aufkratzt. Das verursacht leuchtend weiße Risse im Holz, die für etwaige Rivalen, die sein Waldstück betreten, gut zu sehen sind. Spezielle Drüsen an seinen Fußsohlen lassen außerdem einen weiteren Duft zurück, den seine Feinde riechen können.

Das Setzen von Duftmarken gibt Tigern die Möglichkeit, Kämpfen mit ihresgleichen aus dem Weg zu gehen. Sie sind so stark, daß bei einem Kampf zwischen zwei Männchen der Sieger beinahe ebensoviel Schaden nehmen könnte wie der Verlierer. Auch er könnte ja, würde er zum Beispiel eine Beinverletzung davontragen und lahmen, eine Zeitlang nicht jagen und müßte

hungern. Darum ist es wichtig, daß derart starke Tiere alles daransetzen, ernsthafte Streitigkeiten zu vermeiden. Sie müssen ihre ganze Kraft auf das Beutemachen richten und nicht auf Kämpfe untereinander.

Genau wie männliche Tiger keine anderen Männchen in ihrer Nähe dulden, erlauben auch die Weibchen keinem anderen Weibchen, ihr Revier zu betreten. Auch sie setzen Duftmarken und machen Kontrollgänge entlang ihrer Reviergrenzen, um sicherzustellen, daß keine Rivalin einzudringen versucht. Die Männchen halten also andere Männchen und die Weibchen andere Weibchen fern; dagegen überschneiden sich die Reviere von Männchen und Weibchen ein wenig, so daß sie sich gelegentlich begegnen. Dabei tauschen Tiger einen besonderen kleinen Grußlaut aus. Er klingt so ähnlich wie »faf-faf-faf-faf« und zeigt, daß die Tiere einander freundlich gesinnt sind. Wenn du dieses Geräusch im Zoo vor einem Tiger nachahmst, wird er dich einen Augenblick überrascht anschauen und dann mit demselben Laut antworten. Auf diese Weise drückt der Tiger aus, daß er sich über die Begegnung freut. Erstaunlicherweise benützt der Löwe dieses Signal nicht, obwohl er ein naher Verwandter des Tigers ist.

Tiger bekommen alle zwei Jahre Junge. Wenn die Weibchen paarungsbereit sind, werden die in der Nähe lebenden Männchen durch Veränderungen der Duftmarken an Büschen und Felsen eingeladen, sie zu besuchen. Wenn kein Männchen kommt, machen sich die Weibchen selbst auf die Suche nach einem Partner und verlassen ihr Revier.

Nach einer kurzen Zeit der Werbung und Paarung gehen Männchen und Weibchen wieder getrennte Wege, und wenn die Jungen geboren werden, beteiligt sich der Vater nicht an der Aufzucht. Das besorgt die Tigerin allein.

Allerdings steht die Mutter dabei vor einem ernsten Problem, denn sie muß von Zeit zu Zeit ihre hilflosen Jungen verlassen, um zu jagen, damit sie nicht verhungert. Wenn die Jungen noch sehr klein sind, versteckt sie sie in einer Höhle oder in einer engen Felsspalte, wo man sie nicht sehen kann. Wenn sie schon größer sind, versteckt sie sie gern im hohen Gras.

In der Zeit, in der sie auf Jagd ist, ist das Leben der Jungen den größten Gefahren ausgesetzt. Große Schlangen wie etwa Pythons können sich an sie heranmachen, sie zu Tode quetschen und verschlingen. Leoparden, Wildhunde und Hyänen sind ebenfalls auf der Pirsch, deshalb muß die Mutter eilig zurückkehren, sobald es ihr gelungen ist, ihren Hunger zu stillen. Wenn die Jungen schon größer sind, spuckt sie nach der Rückkehr einen Teil des Fleisches, das sie verschluckt hat, wieder aus. Dieses weiche, halbverdaute Fleisch fressen die Jungen gierig, und auf diese Weise kann die Tigerin sie von ihrer Milch entwöhnen.

Jedesmal, wenn sie zu ihren Jungen zurückkehrt, bringt die Tigermutter einige Zeit damit zu, das Fell der Jungen zu pflegen, indem sie sie mit ihrer großen rauhen Zunge beleckt. Es ist sehr wichtig für die Jungen, daß sie ihr Fell tadellos sauberhalten, und wenn sie noch klein sind, brauchen sie dabei Hilfe. Die Tigerin verbringt auch viel Zeit damit, ihr eigenes Fell zu pflegen, denn sie muß dafür sorgen, daß Kratzer oder Schnittwunden, die sie sich beim Jagen geholt hat, so gut wie möglich gesäubert werden. Eine Infektion könnte dazu führen, daß sie lahmt. Ein lahmer Tiger aber kann nicht jagen, und ein Tiger, der bei der Jagd nicht schnell genug ist, verhungert. Also ist Sauberkeit lebenswichtig.

Tiger sind Tiere, die körperliches Wohlbefinden offenbar zu genießen wissen. Wenn es ihnen im tropischen Urwald zu warm wird, suchen sie nach einem kleinen

Teich, in dem sie ein Bad nehmen und sich abkühlen können. Wie jedermann weiß, hassen es Hauskatzen, naß zu werden. Tiger dagegen lieben Wasser, und wenn die Tagestemperaturen sehr hoch sind, liegen sie stundenlang ausgestreckt im kühlenden Naß. Wenn die Jungen groß genug sind, dürfen sie mit ins Wasser.

Wenn sie halb erwachsen sind, sind Tiger stark genug, um mit ihrer Mutter zu jagen. Sie sind noch zu klein, um sich am Reißen der Beute selbst zu beteiligen, aber sie beobachten gespannt aus der Deckung in der Nähe, wie sich die Tigerin an ihr Opfer her-

anschleicht und es angreift. Wenn sie dann die Beute herbeibringt, springen die jungen Tiger auf und gesellen sich zu ihr. Vor ihren Augen öffnet die Tigerin den Kadaver mit ihren starken Kiefern. Wenn die Haut abgezogen und das Fleisch bloßgelegt ist, macht sie eine Pause und legt sich einige Meter entfernt nieder. Die Jungen dürfen sich dann als erste über das frische Fleisch hermachen, ehe sie selbst zu fressen beginnt.

Die jungen Tiger können ihrer Mutter im Unterholz leicht folgen, weil sie eine auffallende Zeichnung auf der Rückseite

der Ohren hat. Auf jedem Ohr ist ein großer weißer Fleck, gesäumt von einem schwarzen Rand. Aus der Ferne sehen die Flecken aus wie zwei große Augen, und die Jungen können sie deutlich sehen, selbst wenn der übrige Körper ihrer Mutter im hohen Gras verborgen ist. Weil die Zeichnung auf der Rückseite der Ohren ist, kann ein Beutetier, an das sich die Tigerin heranschleicht, sie nicht sehen. Dieselbe Zeichnung kommt zum Einsatz, wenn zwei Tiger einander bedrohen. Wenn sie wütend werden, drehen sie ihre Ohren um, so daß die Rückseite nach vorn zeigt und der Gegner die »Augenflecken« vor sich sieht. Das ist ein Warnsignal.

Die Aufzucht der jungen Tiger ist beendet, wenn sie ungefähr zwei Jahre alt sind. Der Abschied ist ein merkwürdiges, ruhiges Ereignis ohne jede Aufregung. Eines Tages steht die Tigerin einfach auf und geht davon und läßt die Jungen allein. Sie blickt nicht zurück, und sie kommt nie mehr wieder. Dann müssen sich die Jungtiere erstmals allein durchschlagen und ihre Beute selbst erlegen, wenn sie im Dschungel überleben wollen.

Viele der Jungen sterben schon sehr früh. Von jedem Wurf mit zwei oder drei Jungen bleibt meist nur eines am Leben, bis es ganz ausgewachsen ist. Die anderen werden selbst zur Beute, ehe sie groß genug sind, um Angreifern Angst einzuflößen. Diejenigen aber, die es schaffen zu überle-

ben, haben von den übrigen Urwaldtieren nicht mehr viel zu befürchten. Nur menschliche Jäger stellen eine ernsthafte Bedrohung für sie dar. Leider sind in den letzten Jahrhunderten immer mehr Menschen mit Waffen in die Wälder eingedrungen und haben so viele Tiger getötet, wie sie finden konnten.

Manche Jäger wollten so ihre eigenen Tiere schützen, manche sammelten die herrlichen Tigerfelle als Trophäen, manche wollten damit ihren Mut beweisen, und manche betrieben die Tigerjagd auch einfach als Sport. Heute verachten wir solche Menschen, aber früher haben sie sich oft stolz mit ihren Jagderfolgen gebrüstet. Ein Maharadscha verkündete einmal: »Ich habe alles in allem nur 1150 Tiger erlegt.«

Es ist nicht verwunderlich, daß der prächtige Tiger eine seltene Erscheinung geworden ist und daß es in freier Wildbahn nur noch ungefähr viertausend Tiere gibt. Vor einigen Jahren waren es sogar noch weniger, aber inzwischen hat man spezielle Reservate für sie eingerichtet, in denen die Jagd verboten ist und Bauern sich nicht ansiedeln dürfen. In diesen Reservaten gibt es viel Rotwild und andere Beutetiere, so daß die Großkatzen keinen Hunger leiden müssen. Sie haben zwar nicht mehr die ausgedehnten Reviere, die sie einst frei durchstreifen konnten, aber zumindest dürften sie jetzt vor der völligen Ausrottung geschützt sein.

Der Biber

Auf den ersten Blick sieht der Biber aus wie eine riesige Ratte mit einem flachen Schwanz. Er wirkt nicht besonders interessant. Mit seiner stumpfen braunen Farbe und seinem nassen, zottigen Fell gehört er nicht gerade zu den Schönheiten der Natur. Wenn wir dieses Tier im Käfig eines Zoos sitzen sehen und achtlos daran vorbeigehen würden, wäre das verständlich. Trotzdem wäre es ein schwerer Fehler, denn der Biber ist eines der ungewöhnlichsten Tiere der Welt. Und zwar nicht wegen seines Aussehens, sondern wegen seines Verhaltens.

Der Biber ist der größte Baumeister der Tierwelt. Es ist nicht übertrieben, wenn man sagt, daß er ganze Landschaften verändert hat. Zudem hat er, vom Menschen abgesehen, die größten Bauwerke geschaffen, die es je auf dieser Erde gab. Eines, von dem noch die Rede sein wird, war über einen halben Kilometer lang.

Der Biber fällt Bäume, baut Dämme, gräbt Kanäle, errichtet Burgen und legt Vorräte an. Seine Dämme haben Seen entstehen lassen, Überschwemmungen verhindert und die Vegetation verändert. Er ist eines der fleißigsten Tiere der Erde und wegen seines schönen Pelzes auch eines der meistgejagten.

Was bringt den Biber dazu, so schwer zu arbeiten? Warum legt er sich nicht hin und freut sich am herrlichen Frühlingswetter oder an der warmen Sommersonne? Warum hört er nie auf zu schuften?

Nun, er lebt in den kalten Flüssen und Seen des Nordens, wo es nicht leicht ist, den Winter zu überstehen. Manche Tiere graben sich einfach tief in die Erde ein und halten Winterschlaf, bis das Wetter wieder warm wird. Der Biber tut das nicht. Statt dessen trotzt er dem schlechten Wetter mit einem gemütlichen Bau und einer gut gefüllten Speisekammer in nächster Nähe.

Das ist nicht so leicht, wie es klingt, weil sich die Höhe des Wasserspiegels in Flüssen und Seen ja ständig ändert. Die Burg oder Wohnkammer des Bibers darf nicht überflutet werden, darf aber auch nicht hoch oben auf dem Trockenen liegen. Um zu verstehen, wie das Tier dieses Problem meistert, fangen wir am besten ganz vorn an, nämlich dort, wo ein junger Biber seine Familie verläßt und seine eigenen Wege geht.

Wenn ein Biber zwei Jahre alt ist, ist seine Kindheit zu Ende, und er verläßt seine Eltern für immer. Manchmal schwimmt er kilometerweit auf der Suche nach einem geeigneten Platz, an dem er sich niederlassen kann. Hat er ihn gefunden, gräbt er einen Bau in den Schlamm des Flußufers. Das Eingangsloch liegt unter Wasser, und der Biber gräbt so, daß sein Gang immer weiter ansteigt. Ist er dann oberhalb des Wasserspiegels angelangt, erweitert er den Tunnel zu einer Kammer.

Der Biber kann in dieser Kammer fressen, schlafen und später seine Jungen gebären, aber sie muß auch ständig gesäubert und in gutem Zustand gehalten werden. Steigt zum Beispiel der Wasserspiegel des Flusses an, wird die Höhle bald überflutet. Diese Gefahr bewältigt der Biber, indem er Erde von der Decke der Kammer herunterkratzt. Sie fällt auf den Boden, der Boden wird höher, und die Gefahr ist erst einmal gebannt.

Das ist eine einfache Methode, mit einer Überflutung der Wohnkammer fertig zu werden, aber wenn das Wasser weiter steigt,

ist das Problem schnell wieder da. Wieder kratzt der Biber an der Decke und verlegt seine Burg so weiter nach oben. Das kann sich ein paarmal wiederholen, aber eines Tages liegt die Wohnkammer so hoch, daß der Biber beim Kratzen die Erdoberfläche am Ufer durchbricht. Jetzt ist die Höhle nach oben hin offen, und der Biber ist eine leichte Beute für jedes Raubtier, das gerade vorbeikommt. Um dem abzuhelfen, baut er ein neues Dach, und zwar ein dickes, gewaltiges, mit dem selbst ein Bär große Mühe hat, wenn er auf der Suche nach einer Mahlzeit ist.

Das neue Dach wird aus Knüppeln, Zweigen, Steinen und Schlamm errichtet. Aus der Ferne sieht es aus wie eine runde Pyramide. Drinnen ist die gemütliche Wohnkammer des Bibers vor dem Winterwetter geschützt – dem eisigen Regen, den Schneestürmen und dem pfeifenden Wind.

Ganz gleich, wie hoch der Wasserspiegel steigt, der emsige Biber kann das ausgleichen, indem er die Höhe der Wohnkammer in der Burg anhebt. In manchen Fällen steigt das Wasser so hoch, daß es die Burg vollständig umspült. Der Haufen Stöcke und Steine sieht jetzt aus, als sei er mitten in einem Teich errichtet worden statt am Flußufer. Dadurch ist die Burg noch besser vor umherstreifenden Jägern geschützt.

Ein völlig anderes Problem stellt sich, wenn der Wasserspiegel nicht steigt, sondern sinkt. Wenn das passiert, ist der Eingang des Biberbaus in der trockenen Uferwand zu sehen. Statt sicher unter dem Wasserspiegel verborgen zu sein, liegt er einem jeden Tier, das hungrig am Fluß auf Pirsch geht, offen vor Augen. Außerdem ist er den eisigen winterlichen Schneestürmen preisgegeben. Es muß also irgendwie verhindert werden, daß der Wasserspiegel unter den

Eingang absinkt. Es geht dabei um Leben und Tod.

Der Biber löst das Problem auf überraschende Weise. Er macht sich daran, einen gewaltigen Damm zu bauen. Diese Barriere verringert die Fließgeschwindigkeit des Flußwassers. Wenn der Fluß langsamer wird und der Wasserstand steigt, weicht das Wasser seitwärts aus, so daß manchmal ein kleiner See entsteht. Durch sorgfältige Regulierung des Dammes können die Biber den Wasserstand genau dort halten, wo sie ihn haben wollen – nicht zu hoch und nicht zu niedrig. Bei schweren Regenfällen kann der Damm ein wenig geöffnet werden. Herrscht eine Trockenperiode, kann der Damm etwas dichter geschlossen werden.

Um den Damm zu bauen, muß der Biber Bäume fällen und sie an die richtige Stelle bringen. Das ist Schwerstarbeit, aber der Biber hat hervorragende Zähne, mit denen er sie durchführen kann. Seine Vorderzähne sind lang und wie Meißel geformt. Im Gegensatz zu den Zähnen des Menschen wachsen sie unentwegt weiter. Sie nützen sich durch das ständige Nagen zwar ab, wachsen aber gleich wieder nach, so daß sie immer genau die richtige Länge für ihre Aufgabe haben.

Der Biber wählt einen Baum in der Nähe des Flußufers aus, gewöhnlich einen kleinen mit einem Stammdurchmesser von nur etwa sieben bis zwanzig Zentimetern, und beginnt, daran zu nagen. Seine Zunge wird dabei in die Kehle zurückgefaltet, so daß sie diese völlig verschließt und dadurch verhindert, daß Holzspäne in die Speiseröhre geraten. Der Biber nagt immer weiter an dem Baumstamm, wobei er ihn langsam umrundet.

Er braucht ungefähr fünf Minuten, um einen sieben Zentimeter dicken Baum durchzunagen. Schließlich ist ein Knacken zu hören, das ankündigt, daß der Baum gleich umstürzen wird. Sobald der Biber dieses Geräusch hört, läuft er, so schnell er kann, davon, um außer Reichweite zu sein, wenn der Baum zu Boden kracht. Manchmal ist er zu langsam und wird von dem Baum erschlagen, aber das kommt äußerst selten vor. Fast immer scheint er zu wissen, in welche Richtung der Stamm fallen wird.

Wenn der Biber den Baum gefällt hat, beginnt er ihn in Stücke zu zerteilen. Je dicker der Baum ist, desto kürzer sind die Stücke. Diese Klötze werden dann Richtung Damm getragen oder geschleift. Kleine Äste werden mit den Zähnen getragen; schwere Äste werden ins Wasser gezogen und dann weitergeflößt. Sehr schwere Stämme – solche, die über zehn Zentimeter dick sind – bleiben liegen, wo sie gefallen sind, und nur ihre Äste werden verwendet.

An Land trägt der Biber kleine Gegenstände manchmal auf merkwürdige Art und Weise. Er richtet sich auf und geht auf den Hinterbeinen. Dabei hält er seine Last in den Vorderpfoten und im Maul. (Übrigens nimmt er diese aufrechte Haltung auch ein, wenn er seine Jungen trägt.)

Wenn er mit seiner Ausbeute am Damm ankommt, stemmt und drückt, zieht und schiebt der Biber, bis es ihm gelungen ist, den neuen Ast in die bereits vorhandene Masse hineinzurammen. Schlamm und Steine werden hinzugefügt, und bald hat der Damm das Aussehen einer starken Mauer. Manche Dämme sind so tragfest, daß Menschen zu Pferd auf ihnen Flüsse überqueren können. Man hat einen Biberdamm entdeckt, der siebenhundert Meter lang war. In manchen Gegenden wurden große Dämme im Wechsel der Jahre und Generationen immer wieder verwendet. Wenn alte Biber starben, kamen neue und besserten die Dämme aus. In einem Fall stellte man fest, daß ein Damm tausend Jahre alt war. Er war so etwas wie eine Chinesische Mauer der Biber.

Außer seiner Burg und seinem Damm

baut der Biber auch lange Kanäle. Dafür gräbt er an sumpfigen Stellen mit den Vorderpfoten drauflos, löst die Erde und schiebt sie seitlich weg. Die Kanäle werden in den Sommermonaten angelegt und von den Tieren dazu benützt, von einer Nahrungsquelle zur anderen zu schwimmen oder Bauholz durch das Wasser zu flößen.

Im Sommer können die Biber schlemmen. Es gibt dann selbst im hohen Norden reichlich saftige Pflanzen, und sie verspeisen frische Gräser, Blätter und Stämme. Im Winter, sieht die Sache anders aus. In der rauhen nordischen Landschaft gefriert alles. Auf der Erdoberfläche gibt es kein Futter. Sogar die Flüsse frieren zu und sind von einer dicken Eisschicht bedeckt.

Wie überleben die Biber diese furchtbaren Wintermonate? Indem sie sich unter Wasser eine Vorratskammer anlegen. Diese spezielle Speisekammer wird Ende des Sommers gefüllt. Wenn die Tage kürzer werden und ein kalter Wind aufkommt, sammeln die Biber frische junge Äste und kleine Zweige, bringen sie mit den Zähnen nahe bei ihrer Burg auf den Grund des Flusses hinunter und schieben sie dort in den weichen Schlamm. Immer wieder machen sie sich auf den Weg, bis der Vorrat so groß ist, daß er ihnen für die Dauer der bevorstehenden Frostzeit genügt.

Kurz vor Wintereinbruch packen sie auf das Dach ihrer Burg eine dicke Extraschicht Schlamm. Dieser gefriert steinhart und hält hungrige Jäger fern, die draußen auf Pirsch sein könnten. Dann verzieht sich die Biberfamilie nach unten, sammelt sich in der Höhle und kuschelt sich eng zusammen, um es schön warm zu haben. Wenn die Flüsse zugefroren sind, können die Biber unter dem Eis zur nahegelegenen Vorratskammer schwimmen, einen Zweig oder Stamm herausziehen, der in dem eiskalten Wasser so frisch geblieben ist wie in einem Kühlschrank, und ihn zur Burg bringen.

Dort können sie ihre Mahlzeit genießen, während es draußen stürmt und tobt.

Wenn ihnen unter dem Eis die Luft knapp wird, können die Biber auch dieses Problem lösen. Sie schwimmen zum nahegelegenen Damm und nagen mit den Zähnen Löcher hinein. Dadurch fließt das Wasser schneller, und der Spiegel des nicht gefrorenen Wassers sinkt ein wenig, so daß ein Hohlraum zwischen dem Wasser und dem Eis entsteht. Das bedeutet, daß die Biber an der Wasseroberfläche schwimmen können, wenn sie Zweige aus ihrem Vorrat holen. Es ist so ähnlich, als hätten sie sich ein großes Hallenbad gebaut, mit einem Dach aus Eis über dem Kopf.

Das Geheimnis ihres Erfolges und der Zweck all ihrer schweren Arbeit ist also, daß sie den ganzen Winter in Sicherheit unter dem Eis zubringen können. Jede Biberburg wird von einer ganzen Familie bewohnt, die zusammenlebt. Sie besteht aus dem Elternpaar, den älteren Nachkommen und den Jungen. Die Paare schließen sich für das ganze Leben zusammen und haben jedes Jahr nur einen Wurf Junge. Daher gehören zu einer Biberfamilie meist ungefähr ein Dutzend Tiere zur gleichen Zeit. Alle außer den Jüngsten helfen beim Bauen mit.

Die Biber einer Familie teilen sich auch andere Pflichten. Wenn im Frühling ein neuer Wurf geboren wird, bringen alle Familienmitglieder den Jungen Futter, wobei der Vater mehr herbeischafft als alle anderen. Die Familien leben friedlich zusammen, fast ganz ohne Kämpfe und Streit. Die Mutter und der Vater sind ausgezeichnete Eltern, die ihre Jungen beschützen und sie mit großer Sorgfalt aufziehen. Wann immer sich eine Gefahr ankündigt, geben sie das spezielle Alarmzeichen der Biber. Das ist ein harter Schlag mit dem schweren flachen Schwanz auf die Wasseroberfläche. Er verursacht ein so lautes Geräusch, daß es im ganzen Territorium zu hören ist, und fordert die Jungen auf, schleunigst in Deckung zu gehen.

Man ist versucht zu glauben, daß die Biber, wie die Menschen, alle ihre »Fertigkeiten« von den Eltern lernen, die sie ihrerseits an die Kinder weitergeben. Sie machen einen ungeheuer intelligenten Eindruck. Zwar ist es richtig, daß sie sehr klug sind, aber vieles von dem, was sie tun, müssen sie nicht erst mühevoll lernen. Das zeigt ein Experiment, das man in einem Zoo gemacht hat: Man hat dort junge Biber, die im Zoo auf die Welt gekommen waren, von ihren Eltern getrennt und in einem Gehege untergebracht, durch das ein Bach floß. Sie hatten in ihrem ganzen Leben noch keinen Biberteich gesehen, aber sie machten sich sofort daran, eine Burg und einen Damm zu bauen. Sie begingen dabei keine Fehler und mußten nicht lange überlegen, womit sie bewiesen, daß ihnen der Drang und die Fähigkeit zu bauen angeboren und nicht erlernt ist.

Der Biber ist eindeutig ein bemerkenswertes Tier und wird jetzt in der freien Natur gut geschützt. Das war nicht immer so. Als menschliche Jäger erstmals den hohen Norden erforschten, fanden sie im Biber eine leichte Beute. Die Tiere wurden zu Millionen um ihrer Pelze willen getötet. Sowohl die nordamerikanischen als auch die europäischen Biber wurden beinahe ausgerottet, aber schließlich wurde die Jagd verboten, und die wenigen überlebenden Tiere wurden in Ruhe gelassen. Sie begannen sich bald stark zu vermehren und breiteten sich wieder in ihren Stammgebieten aus. Schließlich waren sie so erfolgreich, und es gab so viele von ihnen, daß die Jagd wiederaufgenommen wurde.

Heute jedoch werden die Jäger sorgfältig kontrolliert, und nur eine begrenzte Anzahl von Bibern darf jedes Jahr für den Pelzhandel getötet werden. Überall in den nördlichen Ländern sind jetzt wieder ihre Dämme zu sehen, und ihre erstaunlichen Baukünste verändern wieder die Landschaften an den Ufern der Flüsse.

Das Nashorn

Nashörner oder Rhinozerosse durchstreifen die weiten Ebenen des tropischen Afrika seit vierzig Millionen Jahren. Sie hatten stets wenig zu fürchten und führten ein ruhiges, ungestörtes Leben. Sie waren so gut an ihren Lebensraum angepaßt, daß sie sich nicht zu verändern brauchten.

Ihre gewaltigen Leiber machten es kleineren Jägern unmöglich, sie anzugreifen. Ihre lederharte, zwei Zentimeter dicke Haut erschwerte es selbst den größten Raubtieren, sie zu beißen. Und die mächtigen Hörner, die aus ihrem Nasenbein aufragen, machten auch dem hungrigsten Feind klar, daß es gefährlich war, sich ihnen zu nähern.

Die Nashörner waren die unangefochtenen Herren ihres Reviers. Und sie waren so massig geworden, so gewaltig in ihren Körpermaßen und so furchtlos, daß nichts sie erschüttern konnte. Es sah aus, als hätten sie die vollkommene Strategie des Überlebens gefunden, die sicherste Lebensweise der Welt. Sie hatten sogar einen Trick, um mit den winzigen Hautschmarotzern fertigzuwerden, die auch so viele andere große Tiere in den Tropen plagen: Sie erlaubten kleinen Vögeln, den Madenhackern, sich auf ihren Rücken zu setzen, auf ihrem Körper herumzuhüpfen und das Ungeziefer wegzupicken. Das bedeutete eine gute Mahlzeit für die Vögel und hielt die Haut der Nashörner sauber. Die Tatsache, daß Nashörner nackt sind und nicht, wie die meisten anderen Tiere, ein Fell haben, machte es den Madenhackern leicht, ihre Aufgabe zu erfüllen.

Doch dann tauchte in dieser vollkommenen Welt eine neue Bedrohung auf, der die Nashörner nichts entgegenzusetzen hatten: Primitive menschliche Jäger erschienen und begannen sie zu töten – sie lockten sie in Fallen und töteten sie mit Speeren, um sie zu verspeisen. Anfangs war das nicht allzu schwerwiegend, denn es gab noch sehr wenige Menschen und Hunderttausende von Nashörnern. Sie waren schwer zu töten, und es gab viele andere Beutetiere zur Auswahl; daher setzten ihnen unsere frühen Vorfahren nicht allzu schwer zu.

Im Laufe der Jahrhunderte jedoch wurden die Waffen der Menschen besser. Menschliche Schläue siegte über die Kraft dieser klobigen Riesen. Und als die ersten Gewehre auftauchten, wurde die Sache ernst. Andere Tiere rannten davon, wenn Schüsse auf sie abgefeuert wurden, aber die furchtlosen Nashörner machten einfach kehrt und stürmten auf ihre Angreifer los. So gaben sie erst recht eine gute Zielscheibe ab und wurden zu Tausenden getötet.

Die ersten Großwildjäger waren tapfere Männer mit einfachen Büchsen. Sie nahmen ungeheure Risiken auf sich, wenn sie zu Safaris aufbrachen und in die unbekannten Gefilde des »Schwarzen Erdteils« vorstießen. Sie wußten wenig oder gar nichts über die Lebensweise der Tiere, die ihnen begegneten, und brauchten enormen Mut, um diesen »wilden Bestien« in einem für sie fremden und geheimnisvollen Land zu Fuß entgegenzutreten. Stolz brachten sie ihre Trophäen mit nach Hause, um sie an die Wand zu hängen und ihre Freunde damit zu beeindrucken.

Später folgte diesen Männern eine neue Sorte von Jägern. Sie waren mit hervorragenden Gewehren mit Zielfernrohren ausgerüstet. Wenn sie loszogen, saßen sie sicher geborgen in Lastwagen und Jeeps und hatten wenig zu fürchten. Sie kannten inzwischen das Land, hatten erfahrene Führer und genaue Karten, wußten über die Tiere Bescheid und brauchten keinerlei Mut mehr. Sie nahmen die Nashörner der Reihe nach mit ihrem Zielfernrohr ins Visier und knallten sie aus sicherer Deckung heraus ab. Dazu gehörte ungefähr soviel Mut, wie man braucht, um eine Kuh auf der Weide zu erschießen.

Die neuen Großwildjäger waren Feiglinge, die den Helden spielten. Wenn sie nach Hause kamen, erzählten sie Schauergeschichten von Nashörnern, die auf ihre Lastwagen losgerast seien und mit ihren Hörnern Beulen hineingestoßen hätten. Was sie dabei unterschlugen, war die Tatsache, daß sie die Tiere absichtlich gereizt hatten, indem sie nämlich mitten ins Revier der Nashörner hineingefahren waren und sie sogar verfolgt hatten, um sie wütend zu machen. Hätte man sich ihnen leise und respektvoll genähert, hätten die Nashörner es gar nicht der Mühe wert gefunden, sich um die Menschen in ihren Blechkisten zu kümmern. Aber jedes Nashorn, das sich bedroht fühlt, wird sich selbstverständlich verteidigen.

So verbreitete sich die Mär von den bösartigen, unberechenbaren Tieren immer weiter. Jedermann glaubte sie, und das Nashorn war bald als äußerst angriffslustig verschrien, während in Wahrheit die feigen, gut geschützten Jäger dieses Verhalten provozierten. Wir wissen inzwischen, daß Nashörner keineswegs dumm und bösartig sind, sondern höchst intelligent, sensibel und friedlich. Ihr schlechter Ruf beruhte auf einer Lüge, die die Großwildjäger in die Welt gesetzt haben. Die Nashörner wurden nur aggressiv, wenn sie gezwungen waren, sich zu verteidigen.

Kürzlich hat man entdeckt, daß Nashörner bei guter, freundlicher Behandlung erstaunlich zahm werden können und sich sogar spazierenführen lassen wie ein Hund. Eine Nashornexpertin, die ein Nashornbaby gerettet und aufgezogen hatte, mußte feststellen, daß das ausgewachsene Tier trotz seiner enormen Größe noch immer zu ihr ins Haus wollte. Eines Tages versuchte das Nashorn, sich in ihr Wohnzimmer zu zwängen, und keilte sich so im Türrahmen fest, daß es nicht vor und nicht zurück konnte. Sie befreite das Tier schließlich, indem sie große Mengen Öl über seinen Körper goß, wodurch seine rauhe Haut glitschig wurde und es aus dem Türrahmen herausrutschen konnte. Danach baute sie einen Palisadenzaun um ihr Haus, um ihr allzu freundliches Nashorn davon abzuhalten, hereinzukommen und wieder in der Tür steckenzubleiben.

Obwohl die Menschen die wahre Natur dieser faszinierenden Tiere immer besser verstehen lernten, sank deren Zahl weiter und weiter. Im Laufe der Zeit wurden im tropischen Afrika immer mehr Menschen seßhaft und bebauten Land, um die wachsende Bevölkerung zu ernähren. Das lieferte einen neuen Vorwand für die Tötung einer großen Zahl von Nashörnern. Ein einziger Mann, der dazu angestellt worden war, Land für ein neues landwirtschaftliches Projekt von gefährlichen Tieren frei zu machen, schlachtete in nur zwei Jahren tausend Nashörner ab. Das ist nur ein Beispiel, das sich vielerorts wiederholte.

Zuletzt waren die Nashörner in Afrika nahezu ausgerottet. Das Töten mußte aufhören. Das Nashorn wurde geschützt, es sollte seine ruhige Lebensart wiederaufnehmen und sich erneut vermehren können. Doch nun tauchte eine neue Gefahr auf: Wilderer machten dort weiter, wo die Großwildjäger aufgehört hatten.

Diese Wilderer waren nicht auf das Fleisch der Nashörner aus. Sie wollten sich keine ausgestopften Nashornköpfe als Trophäen an die Wand hängen. Sie wollten nur die Hörner. Sie konnten astronomische Summen für die Hörner des Nashorns bekommen und machten sich auf brutal geschäfts-

mäßige Art und Weise an die Arbeit. Anstelle von Jagdgewehren benutzten sie automatische Waffen. Sie griffen meist nachts an. Nashörner schlafen fest und sind nach Einbruch der Dunkelheit leicht zu überraschen. Die Wilderer fuhren dicht an sie heran, durchsiebten die schläfrigen Dickhäuter mit Kugeln, sprangen mit Kettensägen bewaffnet von ihren Lastwagen herunter, sägten die kostbaren Hörner ab und machten sich schleunigst aus dem Staub. Die Kadaver überließen sie den Aasgeiern.

Sie schlugen so lange immer wieder zu, bis fast alle Nashörner getötet waren. Heute gibt es statt der Hunderttausende, die in den weiten Ebenen Afrikas umherstreiften, nur noch ein paar wenige, und häufig patrouillieren bewaffnete Wächter in ihrer Nähe, um sie vor den nächtlichen Überfällen der Wilderer zu schützen. Trotz all der Hilfe, die diese Tiere von den Wildhütern und anderen engagierten Helfern bekommen, sind ihre Überlebenschancen alles andere als gesichert.

Warum bekommen die Wilderer für das Horn des Nashorns soviel Geld? Es besteht aus nichts weiter als dicht zusammengepreßten Haaren, die einen harten, spitzen Auswuchs bilden, und es hat keinerlei medizinischen Wert. Dennoch wird es in manchen Regionen Indiens zu einem Pulver vermahlen, das demjenigen, der es einnimmt, zu mehr Manneskraft verhelfen soll (was es keineswegs tut). In bestimmten Gebieten des Nahen Ostens wiederum gilt nur der Mann als bedeutend, der einen Dolch mit einem Griff aus Rhinozeroshorn besitzt. Ohne diesen wäre er ein Nichts. In China glaubte man vor langer Zeit, daß ein Becher oder eine Schale aus Rhinozeroshorn ein Getränk zum Aufschäumen bringt, wenn es Gift enthält. Einen solchen Becher oder eine solche Schale zu besitzen galt damals als eine Frage von Leben und Tod, denn in jener Zeit waren Giftmorde an der Tagesordnung. Sogar

heute ist das Horn in China noch zur Herstellung eines Pulvers gefragt, das zur Behandlung verschiedener Krankheiten eingesetzt wird. In Taiwan werden die Hörner als eine Art Währung verwendet.

In all diesen Fällen bezahlen die Leute phantastische Summen für ein großes, frisches Rhinozeroshorn. Ein einziges Horn kann einem Afrikaner soviel einbringen wie die Arbeit eines ganzen Jahres, und man kann schon verstehen, daß manche Männer das Risiko eingehen, ins Gefängnis zu kommen, um ein solches Horn zu erbeuten.

Weil diese Wilderer nur auf das Horn aus sind, hatte jemand den glänzenden Einfall, alle Nashörner zu fangen, ohne sie zu verletzen, ihnen vorsichtig das Horn abzusägen und sie dann wieder laufenzulassen. Dann könnten die Tiere wieder ohne Angst vor Angriffen in Frieden leben, weil sie für die Hornjäger wertlos geworden wären.

Das ist eine gute Idee, und womöglich muß man sie bald in die Tat umsetzen, aber es ist eine traurige Vorstellung, daß diese großartigen Tiere dann ohne ihre berühmte Waffe herumlaufen müßten. Die Nashörner selbst hätten mit dieser Lösung vielleicht auch ihre Probleme, weil sie ihr Horn für erstaunlich vielfältige Zwecke gebrauchen.

Wir meinen oft, die Hörner würden nur zur Verteidigung benutzt, wenn Nashörner auf ihre Feinde lospreschen, aber das ist ein Irrtum. Sie verwenden die Hörner auch bei Kämpfen mit Rivalen während der Paarungszeit. Sie setzen sie beim Liebeswerben ein und vollziehen mit ihnen ein spezielles »Wedelritual« im Staub. Sie hacken damit Äste von den Bäumen, drehen gefällte Baumstämme um und entfernen beim Fressen die Rinde von toten Bäumen, besonders in Dürreperioden. Sie graben damit Knollen und Wurzeln aus, und sie benutzen das Horn, um nach Salz und vor allem um in ausgetrockneten Flußbetten nach Wasser zu graben. Das Horn wird auch zur

Liebkosung oder Bestrafung eines Artgenossen verwendet, und schließlich gebrauchen es Nashornmütter noch dazu, ihre Jungen zu lenken, indem sie sie in der richtigen Richtung vorwärtsstupsen, wenn sie von einem Ort zum anderen ziehen.

Wenn also Nashörner enthornt werden müßten, würden sie oft in Schwierigkeiten geraten. Und die größten Probleme würden Zeiten der Dürre bringen. Dann bräuchten sie wahrscheinlich menschliche Hilfe, um nach Wasser zu graben oder um zusätzliches Futter zu finden. Die Entfernung des Horns ist sicher kein Schritt, den man leichtfertig tun darf; aber eines Tages ist sie vielleicht die einzige Möglichkeit, das Nashorn vor dem Aussterben zu bewahren.

Wie steht es um die Zukunftschancen der Nashörner? Wieviele von ihnen leben heute noch in unserer Welt? Außer den afrikanischen Nashörnern gibt es noch einige in manchen Teilen Asiens. Insgesamt gibt es fünf verschiedene Arten, die noch um das Überleben kämpfen.

Zunächst ist da das afrikanische Schwarze Nashorn, das auf Seite 101 in diesem Buch abgebildet ist. Früher konnte man sagen, dieses sei das »gemeine« Nashorn, aber jetzt können wir höchstens noch sagen, es gehöre zu den »weniger seltenen«. Vor dreißig Jahren wurde eine sorgfältige Zählung vorgenommen, bei der man feststellte, daß die Zahl dieser Tiere auf 13 500 gesunken war. Das war zwar wenig im Vergleich zu den Hunderttausenden, die noch hundert Jahre zuvor gelebt hatten, aber es genügte doch immerhin noch, um uns das Gefühl zu geben, diese Nashornart habe eine sichere Zukunft. Leider haben wir uns geirrt. Die Wilderer wurden immer rücksichtsloser, und jetzt gibt es nur noch 3700 Schwarze Nashörner.

Dann gibt es das afrikanische Weiße Nashorn, das größte von allen. Tatsächlich ist es, abgesehen von den Elefanten, das größ-

te an Land lebende Säugetier. Es wiegt über viertausend Kilogramm und wird 4,20 Meter lang, während sein schwarzer Verwandter nur zweitausend Kilogramm wiegt und 3,30 Meter lang wird. Auch von ihm gibt es nur noch wenige tausend Exemplare.

Trotz ihres Namens sind das Schwarze und das Weiße Nashorn beide grau. Der wirkliche Unterschied liegt, abgesehen von der Größe, in der Form ihrer Mäuler. Das Schwarze Nashorn hat eine spitze Oberlippe, mit der es von niedrigen Büschen Blätter rupft. Das Weiße Nashorn – es ist auf

dieser Seite abgebildet – hat ein stumpfes, breites Maul, das besser zum Abweiden von Gras geeignet ist.

Das kleinste Mitglied der Rhinozerosfamilie ist das Sumatra-Nashorn. Es wiegt nur tausend Kilogramm und wird nicht länger als 2,50 Meter. Im Gegensatz zu den übrigen vier Arten ist es mit struppigem Fell bedeckt und wird manchmal auch »Wollnashorn« genannt. Man nimmt an, daß außer in Sumatra auch noch ein paar solche Nashörner in den Bergwäldern von Birma, Malaya und Borneo übriggeblieben sind. Sie sind sehr selten, und bei der letzten Zählung gab es auf der ganzen Welt nur noch hundertfünfzig Exemplare. Wie die afrikanischen Nashörner hat das Sumatra-Nashorn zwei Hörner, und wie jene wurde es lange gejagt. Nun haben die Jäger es nahezu ausgerottet.

Das Java-Nashorn ist die seltenste Art. Von ihm gibt es nur noch ungefähr fünfzig Exemplare, die alle in einem einzigen Reservat in Westjava gehalten werden. Auch dieses Nashorn wurde um seiner Hörner willen gejagt, obwohl es in dieser Hinsicht wenig zu bieten hat. Es ist, wie das Sumatra-Nashorn, ein kleines Tier und wiegt ebenfalls nur ungefähr tausend Kilo-

sei. Es ist dem Java-Nashorn sehr ähnlich, doch es wiegt bis zu zweitausend Kilogramm, und auch das Weibchen hat ein Horn. Wie das Java-Nashorn kommt es in freier Wildbahn nicht mehr vor und ist nur noch in scharf bewachten Wildreservaten zu finden. Es gibt noch etwa 1500 Exemplare in acht verschiedenen Reservaten in Nepal, Bengalen und Assam. Sein Horn ist nicht sehr eindrucksvoll, und es verteidigt sich eher dadurch, daß es mit seinen scharfen, hauerartigen Schneidezähnen Wunden reißt. Trotzdem versuchen Wilderer noch immer, in die Reservate einzudringen, um

gramm. Das Männchen hat nur ein einziges Horn und das Weibchen überhaupt keines; daher haben diese Tiere den Jägern nie reiche Beute gebracht. Trotzdem wurde das Java-Nashorn überall in seinen freien Lebensräumen ausgerottet und kann heute nur noch unter dem strengen Schutz von Wildhütern überleben.

Schließlich hat auch das Indische Nashorn, das am schwersten gepanzerte Tier, überlebt. Es ist oben abgebildet. Seine dicke Haut ist in tiefe Falten gelegt, so daß es aussieht, als ob es mit Panzerplatten bedeckt

Hörner zu erbeuten und aus ihnen unwirksame Liebespulver herzustellen.

Das sind also die fünf Arten von Nashörnern, die bis heute überlebt haben. Selbst wenn man alle Tiere zusammenzählt, gibt es nur noch ein paar tausend, und noch immer stellen Wilderer ihnen nach und töten sie. In der Vergangenheit haben wir sie aus dem Gefühl der Überlegenheit heraus dumme Tiere genannt, aber wenn wir sie erst einmal ganz verloren haben, erkennen wir vielleicht, daß nicht die Nashörner, sondern wir die Dummen sind.

Das Buschbaby

Viele Leute glauben, das Buschbaby hätte seinen Namen von seinem buschigen Schwanz und seinem weichen, runden Körper, vor allem aber von den großen Augen und dem flachen Gesicht, durch die es einem menschlichen Baby ähnelt. Tatsächlich hat man dieses Tier aber nicht wegen seines buschigen Schwanzes so genannt, sondern weil es im afrikanischen Busch lebt, und nicht weil es wie ein Baby aussieht, sondern weil es wie ein Baby schreit.

Buschbabys schlafen tagsüber in einem Nest aus Blättern oder in einem hohlen Baum und kommen erst in der Dämmerung heraus, um sich auf Futtersuche zu begeben. In der Dunkelheit rufen sie einander mit einem hohen Schrei, der wie das Weinen eines Babys klingt.

Zwar sind die Buschbabys mit den Affen verwandt, aber wenn man sie das erste Mal im Geäst herumturnen sieht, erinnern sie einen mehr an Eichhörnchen als an Affen. Das Buschbaby kann riesige Sätze von einem Baum zum anderen machen und mit der Geschicklichkeit eines Zirkusakrobaten landen. Es kann sogar mitten in der Luft die Richtung ändern, wobei es seinen langen buschigen Schwanz als Steuerruder einsetzt. Seine Hinterbeine sind viel länger als seine Vorderbeine. Wenn es zum Sprung ansetzt, beugt es die Hinterbeine und streckt sie beim Abstoßen mit einem Ruck lang aus. In der Luft hält es alle vier Gliedmaßen gestreckt, bereit, nach dem angesteuerten Ast zu greifen und die Erschütterung der Landung abzufedern.

Mit welcher Schnelligkeit sich diese kleinen Geschöpfe des Nachts durch die Bäume schwingen können, muß man gesehen haben, um es zu glauben. Sie sind so flink, daß nichts und niemand eine Chance hätte, sie zu erwischen. Im Dämmerlicht ist es beinahe unmöglich, ihnen mit den Augen zu folgen. Das Geheimnis ihrer Gewandtheit sind ihre Augen mit den riesigen schwarzen Pupillen, die, wenn sie ganz geöffnet sind, in der Dämmerung so gut sehen können wie wir am hellichten Tag.

Wenn sie ihre nächtliche Jagd beginnen und durch die Äste turnen, stören sie die Insekten auf, die sich gerade auf den Zweigen und Blättern niedergelassen haben, um dort festgeklammert die Nacht zu verbringen. Sobald sich die Insekten bewegen, entdeckt sie das Buschbaby mit seinen scharfen Augen und schnappt sie mit einem blitzschnellen Griff. Dabei hängt es sich mit seinen Hinterbeinen an einen Ast und schleudert dann seinen Körper nach vorn. Gleichzeitig greift es mit den Händen zu und packt die Beute. Dann führt es sie rasch zum Maul und beißt mit seinen kleinen, nadelspitzen Zähnen hinein.

Das Buschbaby ist bei der Jagd so schnell und so genau, daß es sogar eine winzige Stechmücke im Flug erhaschen kann. Beim Beutemachen helfen ihm außer den großen Augen auch die hochempfindlichen Ohren. Diese sind äußerst beweglich und drehen sich ständig hierhin und dorthin, während das Buschbaby durch die Zweige hüpft. Auf der Innenseite der Ohren sind feine, rippenartige Versteifungen zu sehen. Diese tragen dazu bei, selbst die Geräusche des leisesten, winzigsten Insekts, das man sich vorstellen kann, in die Ohren hineinzuleiten. Tatsächlich gleicht das Buschbaby ein wenig einer Fledermaus, die nicht fliegen kann, und ist mit derselben Echo-Ortung ausgestattet, die die Fledermäuse verwenden, wenn sie nachts Insekten jagen.

Mit diesem Echo-Ortungssystem schickt das Tier ständig sehr hohe Piepser aus. Wenn diese ganz feinen Töne, die so hoch sind, daß wir Menschen sie nicht hören können, auf einen Gegenstand treffen, werden sie zurückgeworfen, und das Echo wird von den Ohren des Jägers aufgefangen. Je näher das Objekt ist, desto schneller kommen die Töne zurück. Wenn es sich bewegt, verändert sich das Echo entsprechend und gibt dadurch Aufschluß über die Position, Geschwindigkeit und Richtung. Vor einer solchen Aufspüreinrichtung ist kein Insekt sicher, auch in der Nacht nicht.

Außer Insekten fressen Buschbabys auch kleine Mäuse, Eidechsen, Baumfrösche, junge Vögel, Eier, Schnecken, Früchte und Beeren. Wenn sie sich satt gefressen haben, putzen sie sich gründlich, wobei sie ihr Fell mit den Zähnen des Unterkiefers striegeln. Diese Zähne sind sehr fein und bilden zusammen eine Art »Zahnkamm«. Wenn das dichte Fell gründlich gekämmt ist, ist die Toilette beinahe beendet, aber es fehlt noch der letzte Schliff. Er besteht darin, daß sich das Buschbaby noch ausgiebig auf der Rückseite des Halses kratzt – der einzigen Stelle, die es mit dem Zahnkamm nicht erreichen kann. Es hat sogar eine besondere Kralle für dieses Kratzen. Alle Finger und Zehen haben flache Nägel, den unseren ganz ähnlich, bis auf die zweite Zehe. Diese Zehe hat an beiden Hinterfüßen eine scharfe Kralle statt eines stumpfen Nagels, die als »Putzkralle« verwendet wird. Sie wird auch benutzt, um sorgfältig die lebenswichtigen Ohren zu reinigen.

Als seien gute Augen und Ohren noch nicht genug, haben Buschbabys auch noch einen ausgezeichneten Geruchssinn. Im Gegensatz zu den mit ihnen verwandten Affen haben sie eine feuchte Nase. In dieser Hinsicht ähneln sie mehr einem Hund als

einem Affen, und wie Hunde können sie daher ihre Beute mit großer Sicherheit aufgrund der Witterung aufspüren.

Sie können ihre Nase auch benutzen, um ihre eigenen und die Spuren ihrer Artgenossen zu verfolgen. Das bewerkstelligen sie auf höchst eigenartige Weise. Beim Klettern machen sie immer wieder halt und heben einen Fuß vom Zweig. Sie sprühen ein paar Tropfen ihres Urins auf die Sohle des Fußes und reiben diese dann an einer Hand. Dann heben sie den anderen Fuß und wiederholen die Aktion. Jetzt sind alle Handflächen und Fußsohlen mit dem stark riechenden Urin bestrichen, und wenn die Buschbabys in den Zweigen herumturnen, hinterlassen sie automatisch überall eine persönliche Duftspur.

Mit ihren ausgezeichneten Sinnesorganen fällt es den Buschbabys leicht, Nahrung zu finden. Sie sind gut an ihre Umgebung angepaßt und im ganzen tropischen Afrika zu finden, vom Regenwald bis zum trockenen Buschland. Weil sie tagsüber schlafen, sehen Besucher von Wildparks nicht viel von ihnen, so daß ihnen gar nicht klar wird, wie häufig diese Tiere sind.

Jedes Weibchen lebt in einem kleinen, fest umgrenzten Bezirk, den es nie verläßt. Die Männchen haben größere Territorien und gehen auf Wanderschaft und besuchen ein Weibchen nach dem anderen, um herauszufinden, ob eines von ihnen brünstig ist.

Das Junge wird in einem Nest aus Zweigen und Blättern geboren. Wenn es noch sehr klein ist, wird es nicht wie ein Affenkind von der Mutter am Körper herumgetragen, sondern es bleibt im Nest, während sie immer wieder kurz auf Nahrungssuche geht. Erst das etwas ältere Jungtier wird von der Mutter mitgenommen. Sie packt es dann meist mit den Zähnen im Genick, wie es Katzen mit ihren Jungen tun. Nur selten klammern sich Buschbabyjunge ans Fell der Mutter wie die jungen Affen.

Die Jungtiere werden von Muttermilch auf feste Nahrung umgewöhnt, wenn sie etwa drei Monate alt sind. Dann können sie der Mutter bereits selbständig folgen, wenn sie in der Nacht auf Jagd geht. Sie erlaubt ihnen, in ihrer Nähe zu bleiben, bis sie gegen Ende ihres zweiten Lebensjahres ausgewachsen sind. Sind die Jungtiere Weibchen, dürfen sie sogar noch im Bezirk ihrer Mutter bleiben, wenn sie erwachsen sind. Deshalb ist es nicht ungewöhnlich, eine Anzahl verwandter Weibchen und ihre Jungen in einer kleinen Gruppe zusammenleben zu sehen. Die jungen Männchen dagegen müssen den mütterlichen Bezirk verlassen und sich anderswo niederlassen.

Buschbabys haben nur wenige Feinde, aber sie sind dennoch sehr wachsam und halten ständig nach einer möglichen Gefahr Ausschau. Wenn sie sich auf die Erde begeben müssen, um von einer Gruppe von Büschen zur nächsten zu gelangen, ist es ihnen besonders unwohl, und statt zu rennen, überqueren sie den freien Raum wie Miniaturkänguruhs: Sie hüpfen auf den Hinterbeinen, so schnell sie können.

Wie viele Tiere haben sie eine spezielle Körperfärbung, um nicht so schnell gesehen zu werden. Ihr braunes Fell ist auf der Un- terseite des Körpers heller. Diese Art von Färbung nennt man Gegenschattierung, weil sie der Schattenwirkung, die vom Licht der Sonne oder des Mondes ausgeht, entgegenarbeitet. Wenn Licht auf das Tier fällt, liegt seine Bauchseite im Schatten. Und wenn sein Fell überall die gleiche Farbe hätte, sähe die Unterseite dunkler aus. Der stärker beleuchtete Rücken hingegen würde heller erscheinen. Genau diesen Unterschied gleicht das hellere Bauchfell des Buschbabys aus. Dank dieser Schutzfärbung wirkt das Tier flach und ist nicht so deutlich zu sehen, wenn es auf einem Ast sitzt. So verbirgt es sich vor den Augen hungriger Jäger.

Ihr fragt euch vielleicht, wie man dann jemals ein Buschbaby für einen Zoo fangen kann. Wenn es so ungemein flink und gewandt ist, sich durch sein braunes Fell mit Gegenschattierung so gut tarnt und nur nachts herauskommt, wie um alles in der Welt gelingt es dann Tierfängern, an eines heranzukommen? Die Antwort ist, daß Buschbabys eine einzige große Schwäche haben: Sie trinken gern Wein. Die Tierfänger müssen nur etwas Palmwein hinstellen und warten, bis die Buschbabys betrunken und schläfrig sind. Dann können sie sie in aller Seelenruhe auflesen.

Der Bär

Uns allen ist der liebe, nette »Teddybär« vertraut, aber was würde geschehen, wenn uns ein echter, freilebender Braunbär über den Weg liefe? Wäre er auch so lieb und nett?

Wenn Bären geboren werden, sind sie alles andere als kuschelig. Sie sind winzig, nackt und blind und sehen eher nach fetten Ratten aus als nach kleinen Bären. Meist werden zwei zur gleichen Zeit geboren, und selbst wenn du beide zusammen auf eine Waage legen würdest, hätten sie weniger Gewicht als das Buch, das du in der Hand hältst. Die Bärenmutter wiegt mindestens hundertmal soviel wie ihre Jungen.

Die Jungen werden in einer behaglichen Höhle geboren, die von der Mutter am Anfang des langen, kalten Winters hergerichtet wird. Wenn sie keine stille Ecke in einer natürlich entstandenen Höhle findet, gräbt sie sich unter einem Felsen oder einem alten Baum in die Erde ein und macht ein Loch, das groß genug ist, um sie und ihre Jungen aufzunehmen. Dann rollt sie sich zusammen und hält Winterschlaf.

Zwei oder drei Monate später werden die Kleinen geboren. Draußen herrscht tiefster Winter, es ist eisig kalt, aber die Neugeborenen werden vom großen Körper ihrer Mutter warm gehalten. Sie bleiben drei oder vier Monate lang mit ihr in der Höhle und ernähren sich von ihrer Milch. Wenn dann das milde Frühlingswetter einsetzt, wagen sich die kleinen Bären zum ersten Mal in die Sonne hinaus.

Zu diesem Zeitpunkt sehen sie wirklich wie Teddybären aus. Klein, pummelig, wollig und voll übermütiger Verspieltheit erforschen sie die aufregende Welt außerhalb der Höhle. Die Mutter bleibt dicht dabei, paßt gut auf sie auf und verteidigt sie gegen jeden, der sie anzugreifen versucht. Wegen der gewaltigen Stärke der Bärenmutter haben die Jungen außer menschlichen Jägern kaum etwas zu fürchten.

Die Bärenjungen begleiten ihre Mutter, wenn sie sich auf Futtersuche begibt. Bären fressen alles mögliche, suchen sich aber stets das saftigste Futter aus, das sie finden können. So benutzen sie ihren scharfen Geruchssinn, um reife Früchte, Beeren und Nüsse aufzuspüren. Sie graben mit ihren mächtigen Tatzen die Erde auf und buddeln Wurzeln und Knollen aus. In kleinen Teichen jagen sie nach Fröschen, und in rasch dahinfließenden Bächen fangen sie Lachse. Wenn sie das Nest eines brütenden Vogels aufspüren, verschlingen sie schnell ein paar rohe Eier. Stoßen sie auf die Gänge von Ratten oder Mäusen, schnüffeln sie mit ihrer riesigen Nase auf dem Boden entlang, scharren dann mit ihren Tatzen die Erde auf und graben, bis sie die darunter versteckten Nester gefunden haben. Wenn ihre Opfer zu langsam sind oder in der herabfallenden Erde steckenbleiben, packen sie sie gierig mit ihren kraftvollen Kiefern.

Wenn Bären größere Beutetiere angreifen, rennen sie in einer Art Galopp auf sie los und sind dabei für ein so schwer gebautes Tier erstaunlich schnell. Es heißt, daß sie Geschwindigkeiten bis zu fünfundvierzig Stundenkilometer erreichen können. Wenn sie ein Stück Rotwild einholen, töten sie es mit mächtigen Schlägen ihrer Vordertatzen. Leider reißen Bären auch Schafe, wenn sich eine Gelegenheit dazu bietet, und das trägt ihnen die Feindschaft der Bauern ein. Deshalb wurden sie schon seit den ersten Anfängen der Landwirtschaft jedes Jahr zu Tausenden gejagt und getötet.

Wenn nichts anderes zu finden ist, frißt ein Bär auch tote Tiere und sogar Insekten. Und tatsächlich mögen Bären sehr gern Honig und nehmen Hunderte von Stichen aufgebrachter Bienen in Kauf, um an ihn heranzukommen.

Die jungen Bären wachsen den Sommer über sehr rasch und lernen an der Seite ihrer Mutter, welche Dinge am besten schmecken und welche sie besser meiden sollten. Wenn der Winter kommt, kehren sie alle zusammen zur Schlafhöhle zurück. Diesmal bringt die Bärin keine neuen Jungen zur Welt. Sie schläft, behaglich zusammengerollt, zwischen ihren heranwachsenden Sprößlingen.

Im nächsten Frühling begeben sich wieder alle auf die Nahrungssuche, aber diesmal machen sich die schon viel größeren Jungen selbständig, und wenn ihr dritter Winter herannaht, graben sie sich ihre eigene Höhle. Nachdem sie die Mutter verlassen haben, paart sich die Bärin wieder mit einem umherstreifenden Männchen und ist bereit, einen neuen Wurf Junge zu gebären, wenn sie sich in die Winterhöhle zurückzieht.

Jede Bärin lebt in einem festgelegten Gebiet – ihrem Nahrungsraum. Der männliche Bär ist weniger ortsgebunden. Er wandert in einem bedeutend größeren Areal umher und durchquert dabei die Territorien mehrerer Weibchen. Er ist im Sommer stets bereit, sich mit einem von ihnen zu paaren. Und ein Weibchen, das eine neue Familie gründen will, paart sich mit jedem Männchen, das ihm über den Weg läuft.

Die Männchen sind zwar erheblich größer und kräftiger als die Weibchen, aber sie benutzen ihre enorme Kraft nicht dazu, ihre Partnerin zu verteidigen. Tatsächlich kümmern sie sich nur sehr kurz um sie. Nach der Paarung überlassen sie es den Weibchen, alle Elternpflichten zu erfüllen. Die Bärin muß die Jungen ganz allein großziehen. Seine Größe und Kraft braucht der männliche Bär dazu, sich gegen seine Rivalen zur Wehr zu setzen. Diese versuchen, ihn von den Weibchen wegzujagen, um sich selbst mit ihnen zu paaren. Jedes Männchen muß so stark wie irgend möglich aussehen, um seinen Nebenbuhlern so viel Angst einzujagen, daß sie abziehen.

Freilebende Bären greifen manchmal Menschen an, die sich in den Wäldern aufhalten. Diese Angriffe beruhen im Grunde auf einem Irrtum. Zwar haben Bären einen ausgezeichneten Geruchssinn, aber ihre Augen sind nicht besonders gut. Wenn sie einen Menschen sehen, meinen sie, es handle sich um einen rivalisierenden Artgenossen, der sich auf die Hinterbeine aufgerichtet hat und sie mit dieser Drohgebärde herausfordert. Also gehen sie auf ihn los, richten sich auf und drohen ebenfalls. Der angegriffene Mensch gerät häufig in Panik und versucht den Bären zu töten, falls er ein Gewehr bei sich hat. Wenn er unbewaffnet ist, besteht die Gefahr, daß er nicht mit dem Leben davonkommt. Die Tatsache, daß ein Bär sein menschliches Opfer so gut wie nie auffrißt, bestätigt, daß er ihn nicht als Beutetier, sondern als Rivalen angesehen hat.

Den Braunbären, die soviel Lebensraum brauchen, stehen immer weniger Rückzugsgebiete zur Verfügung, so daß ihre Zahl stetig weiter sinkt. In England wurden die letzten Bären schon vor tausend Jahren getötet. In Frankreich gibt es heute nur noch dreißig freilebende Bären. In ganz Europa sind nur noch dreihundert übrig. In den kalten Regionen Nordamerikas, Skandinaviens und Rußlands sind ihre Lebensbedingungen zwar noch besser, aber auch dort töten Jäger jedes Jahr viele von ihnen.

Der Braunbär ist zwar die am weitesten

verbreitete Art, aber nur eine von sieben verschiedenen, die es heute noch gibt. Die auf der Kodiakinsel vor Alaska lebenden Kodiak-Bären sind die schwersten an Land lebenden Raubtiere. Ein Männchen kann bis zu 2,70 Meter messen, wenn es sich aufrichtet – im Vergleich dazu ist der Mensch ein Zwerg. Der wohlbekannte mächtige Grizzlybär ist eine weitere Variante des Braunbären, die in den kälteren Gegenden Nordamerikas vorkommt.

Ein viel kleineres, ruhigeres Tier ist der Amerikanische Schwarzbär. Auch ihm stellten Jäger mit sogenanntem Sportsgeist nach und töteten jedes Jahr viele Exemplare, aber es ist ihm trotzdem gelungen, zu überleben, weil er sehr klug und ausgesprochen scheu ist.

In Südamerika gibt es nur eine Bärenart: den seltenen Brillenbär. Er hat Ringe von weißem Fell um die Augen, als trüge er eine riesige Sonnenbrille. Heute gibt es nur noch zweitausend dieser Tiere. Sie lieben die feuchten, heißen Wälder, in denen sie auf der Suche nach Früchten auf Bäume klettern. Wenn sie satt sind, machen sie sich hoch oben im Baum ein Lager aus abgebrochenen Zweigen und halten dort ein Nikkerchen, ehe sie ihre Futtersuche wiederaufnehmen.

Es gibt noch drei weitere tropische Bärenarten, die alle in den heißen Wäldern Asiens leben: den zottigen Lippenbär, den kleinen Malaienbär und den stämmigen Asiatischen Schwarzbär. Alle haben ein schwarzes Fell und eine helle Zeichnung auf der Brust.

Der Lippenbär hat eine sehr große Schnauze und lange, gebogene Krallen. Er benutzt seine kraftvollen Tatzen, um Termitenhügel aufzugraben oder um die Rinde von Bäumen abzureißen, wenn er die Insekten sucht, von denen er sich ernährt. Er kann dabei seine Nasenlöcher vollkommen schließen, und wenn er seine Beute gefunden hat, steckt er seine lange Nase in das Loch, das er gegraben hat, und saugt die Insekten in seine röhrenförmige Schnauze.

Der Malaienbär ist der kleinste von allen. Sein Körper ist nur knapp über einen Meter lang. Er ist ein scheues Tier, das dem Menschen nicht gefährlich wird, und geht nachts auf Futtersuche. Malaienbären können hervorragend klettern. Sie verbringen den größten Teil ihres Lebens hoch oben in den Bäumen, weil sie dort tagsüber auf kleinen Plattformen aus Ästen und Zweigen ruhen.

Der Asiatische Schwarzbär oder Kragenbär hat eine weiße, V-förmige Zeichnung auf der Brust, große Ohren und eine üppige Mähne um Hals und Schultern. Er ist doppelt so schwer wie der kleine Malaienbär, führt aber in den Bäumen der tropischen Wälder Asiens ein ähnliches Leben.

Schließlich ist da noch der wunderschöne Eisbär mit seinem gewaltigen, stromlinienförmigen Körper, seinen enormen Tatzen und seinem langen Hals. Im Gegensatz zu allen anderen Bären ist der Eisbär ein reiner Fleischfresser. Er ist ein gefährliches Raubtier, das mit Vorliebe Seehunde frißt. Manchmal sammelt sich auch eine Gruppe von Eisbären um den Kadaver eines toten Wals, der an Land gespült wurde, und hält ein Festmahl.

Obwohl der Eisbär nicht so schwer ist wie der größte Braunbär, kann er für sich in Anspruch nehmen, der längste Bär zu sein; das Männchen erreicht vom Kopf bis zum Schwanz eine Länge von drei Metern. Die Eisbären sind viel auf Wanderschaft. Bei ihrer ständigen Nahrungssuche in den Eiswüsten des hohen Nordens legen sie manchmal über neunhundert Kilometer im Jahr zurück und schaffen auch an einem einzigen Tag viele Kilometer. Stellt euch vor, was für ein Gefühl es für ein solches Tier sein muß, sein ganzes Leben lang im Zoo in einem kleinen Käfig eingesperrt zu sein!

Alle Bären sind prächtige Tiere und wurden dennoch von den Menschen fast durchweg schlecht behandelt. Wenn wir den echten Bären soviel Zuneigung entgegenbringen würden wie unseren Teddybären, hätten sie eine bedeutend höhere Chance zu überleben. Wenn wir sie weiterhin so erbarmungslos jagen und töten wie in der Vergangenheit, werden sie bald für immer verschwunden sein.

Die meisten von uns hatten einen Teddy, als sie noch klein waren, aber nur wenige wissen, wie er zu seinem Namen kam. War-

ten sie ihm ein kleines Bärenkind, damit sein Besuch wenigstens kein völliger Fehlschlag würde. Als der Präsident das traurige kleine Kerlchen sah, weigerte er sich, es zu töten. Daraufhin erschien in einer Zeitung ein Bild, das dieses Ereignis festhielt, und in der Bildunterschrift wurde der Präsident gelobt, weil er so nett zu dem Bärenjungen gewesen war. Es wurde über Nacht berühmt.

Der Name des Präsidenten war Theodore Roosevelt, und sein Kosename war Teddy. Das Bärchen wurde als »Teddy's

um heißt er gerade »Teddybär«? Die folgende Geschichte verrät es: Vor neunzig Jahren war der Präsident der Vereinigten Staaten auf einer Bärenjagd im Staat Mississippi unterwegs. Seine Gastgeber waren ganz verzweifelt, weil sie keinen großen Bären auftreiben konnten. Schließlich brachten sie ihm ein kleines Bärenkind, damit

Bär« bekannt, erschien bald als Spielzeug auf dem Markt und wurde sehr beliebt. Dann wurde »Teddy's Bär« zu »Teddybär« verkürzt. All das geschah schon im Jahr 1920, und seitdem sind Teddys für Millionen von Kindern Freunde und Seelentröster geworden.

Der Delphin

Alle mögen Delphine. Sie gelten als ein Musterbeispiel für ein freundliches, kraftstrotzendes und fröhliches Tier. Fernsehserien und Filme haben uns so oft in ihre Welt in den Weiten des Meeres geführt, daß wir mit der Zeit das Gefühl bekamen, sie seien altvertraute Freunde. Manchmal werden ihnen nahezu magische Fähigkeiten nachgesagt. Aber wie leben sie wirklich?

Der Delphin ist ein Wal im Kleinformat. Sein glatter, haarloser Körper ist wunderbar stromlinienförmig. Mit den Schlägen seiner mächtigen Flossen und den starken Schwüngen des muskulösen Schwanzes kann er Geschwindigkeiten von über dreißig Stundenkilometern erreichen.

Weil er nur etwa so groß ist wie ein Seehund und wenig Gewicht zu tragen hat, kann er weit aus dem Wasser herausspringen und in einem großen Bogen durch die Luft schnellen, ehe er wieder in die Wellen eintaucht. Wer einmal eine Herde von freilebenden Delphinen im Meer aus der Nähe gesehen hat und beobachten konnte, wie sie springen, tauchen und sich vergnügt im Wasser tummeln, wird den Anblick nie mehr vergessen. Es ist eine Wonne, einem Tier zuzuschauen, das so wunderbar mit seinem Element im Einklang ist.

Der Delphin ist zu Beginn seines Lebens einen Meter lang und sieht genau wie eine Miniaturausgabe seiner Mutter aus. Da er ein Säugetier ist, das sein ganzes Leben im Meer verbringt, ist sein erstes Problem gleich nach der Geburt, wie er zu einer Nase voll frischer Luft kommt. Er hat keine Kiemen und kann daher nicht unter Wasser atmen wie ein Fisch. Nachdem es mit dem Schwanz voran aus dem Körper seiner Mut-

ter herausgeglitten ist, bringt das Neugeborene es manchmal schon allein fertig, sich zur Oberfläche hinaufzukämpfen, aber wenn es zu schwach ist, braucht es Hilfe. Zum Glück ist Hilfe nie weit, wenn ein Delphinjunges geboren wird, denn die Gefährtinnen der Mutter betätigen sich als Hebammen. Sie scharen sich um die Mutter und halten sich bereit, den neugeborenen Delphin an die Oberfläche zu tragen. Sie haben auch ein wachsames Auge auf mög-

liche Gefahren und schützen Mutter und Kind, wenn Feinde auftauchen.

Das Junge bleibt mehrere Jahre bei seiner Mutter und nährt sich von ihrer Milch wie jedes andere Säugetier. Das ist eine sehr lange Stillzeit für ein Junges, aber in der Welt der Delphine gibt es viel zu lernen, daher darf in der Kindheit nichts überstürzt werden.

Immer wieder einmal muß die Mutter in schnellem Tempo Jagd auf Fische machen, und dabei kann sie ihr Junges nicht mitnehmen. Sie kann es aber auch nicht einfach allein zurücklassen, und wieder bekommt sie Hilfe von ihren Gefährtinnen. Solange sie fort ist, hütet eine von ihnen ihr Junges, sorgt für es und beschützt es, bis sie zurückkommt. Sobald sie wieder heranschwimmt, wird sie von ihrem Kleinen mit aufgeregten Quietschtönen begrüßt.

Diese Hilfsbereitschaft ist kennzeichnend für das ganze Leben der Delphine. Die Mitglieder der Herde betätigen sich nicht nur als Hebammen und Babysitter für junge Delphine, sondern sorgen auch für kranke und verletzte Artgenossen. Die Gefährten des verletzten Tieres schieben ihren Kopf unter dessen Flossen und heben es sanft an die Wasseroberfläche empor. Dort halten sie es, damit es durch sein Blasloch Luft holen kann. Ohne diesen Beistand würde es rasch ertrinken.

Der Drang des Delphins, einem ertrinkenden Tier zu helfen, ist so stark, daß er sogar schon schwimmenden Menschen in Not geholfen hat. Eine Frau, die von einer starken Strömung in die Tiefe gezogen wurde und schon dem Tod nahe war, spürte, daß sie zur Oberfläche hinaufgehoben und dann Richtung Strand geschoben wurde, bis sie sich in Sicherheit befand. Der Frau war das ein Rätsel, und sie hatte keine Ahnung, wer oder was ihr geholfen hatte, aber ein Zeuge sagte ihr später, er habe deutlich gesehen, daß ein Delphin der Retter gewesen sei.

Delphine sind ausgesprochen gesellige Tiere. Das ist besonders wichtig für ihre Jagdmethode. Sie fressen Fische, aber nur selten jagt ein einzelner Delphin hinter einem einzelnen Fisch her. Sie gehen lieber gemeinsam als Herde auf Beutezug und arbeiten dabei zusammen. Auf diese Weise haben sie die Möglichkeit, einander Fische zuzutreiben. Als geschlossene Gruppe drängen sie die Fische so lange zusammen, bis sie sie schnappen können.

Dabei wenden die Herden verschiedene Techniken an. In einem Fall beobachtete man, daß sich die Delphine beim Fressen abwechselten. Die ganze Herde kesselte gewöhnlich einen großen Schwarm Fische ein und trieb ihn dicht zusammen. Dann schwamm einer der Delphine durch das Gewimmel hindurch und fraß sich satt, während die anderen den Schwarm zusammenhielten. Dann hörte dieser Delphin auf und ließ den nächsten soviel vertilgen, wie er konnte. Das ging so weiter, bis jeder der Delphine in der Gruppe die Gelegenheit gehabt hatte, sich satt zu fressen.

In manchen Gegenden sollen Delphine Fischern in ganz ähnlicher Weise beim Fischfang geholfen und Schwärme von Fischen in die Netze der Männer getrieben haben. An anderen Orten wurde beobachtet, daß Delphine ihre hohen Sprünge aus dem Wasser machten, um Seevögeln nachzuspionieren. Wenn Seevögel einen sehr großen Schwarm Fische finden, sammelt sich eine Anzahl von ihnen zum Beutefang. Jedesmal, wenn die Delphine ganz aus dem Wasser herausspringen, suchen sie mit den Augen rasch den Ozean ab und halten nach einem solchen Vogelschwarm Ausschau. Entdecken sie Vögel, die sich gerade ihr Futter aus dem Wasser holen, schwimmen sie mit hoher Geschwindigkeit dorthin und beginnen ihre eigene Jagd.

Wenn sie satt sind, ändert sich die Stimmung der Delphine. Statt schläfrig zu werden wie viele andere Jäger, bekommen sie große Lust zum Spielen. Sie schwimmen zwischen den verschiedenen Herden hin und her, ändern ständig die Position, wechseln die Geschwindigkeit und variieren die Richtung. Sie streicheln einander mit den Flossen, schwimmen Bauch an Bauch oder stupsen sich gegenseitig mit ihren spitzen Schnäbeln.

Wenn ein Schiff in die Nähe kommt, schwimmen sie hin, reiten auf den Bugwellen und springen immer wieder in die Luft. Manchmal spielen sie mit menschlichen Schwimmern. Schnorchler und Taucher werden ab und zu von freundlichen Delphinen geneckt, die plötzlich von hinten an sie heranschwimmen und ihnen die Schutzbrille von der Nase stoßen.

Trotz der gelegentlichen Kontakte mit Menschen spielen sie natürlich fast immer mit ihren Artgenossen. Dieses gesellige

teraufnahme geben ihnen diese Informationen.

Delphine haben eine merkwürdige Art, Signale auszuschicken. Da sie Säugetiere und keine Fische sind, geben sie allerlei Geräusche von sich. Manche Fische grunzen gelegentlich, aber die meisten sind stumm. Delphine hingegen bringen eine reizvolle Vielzahl von Tönen hervor: Sie quietschen, zwitschern, pfeifen und klappern. Manche

Treiben hat einen besonderen Wert für sie. Es sorgt dafür, daß sie die Stimmungen und Fähigkeiten des anderen kennenlernen. Sie finden heraus, wie schnell, wie stark, wie klug jeder einzelne Delphin ist und welche Besonderheiten er hat. Das hilft ihnen sehr, wenn sie ihre Beute einkreisen. Die Fische sind so schnell, daß es für die Delphine lebenswichtig ist, genau zu wissen, wie ihre Freunde und Gefährten sich verhalten werden, wie sie sich bewegen, sich durch das Wasser schlängeln und hin und her schießen. Ihre langen Spielzeiten nach der Fut-

dieser Töne können vom menschlichen Ohr wahrgenommen werden, aber der Hörbereich des Delphins ist so viel größer als unserer, daß viele seiner Laute für uns völlig unhörbar sind und wir diese Signale nur mit Spezialinstrumenten aufnehmen können. Manche Leute meinen, Delphine hätten sogar eine echte Sprache, und wenn wir wie Dr. Doolittle ihre Sprache lernten, könnten wir mit ihnen reden und wichtige aktuelle Fragen mit ihnen diskutieren. Leider ist das nur ein Traum. Delphine mögen ein sehr großes Gehirn haben und auch allerlei merkwürdige Laute von sich geben, aber sie haben, wenn wir ehrlich sind, keine wirkliche Sprache. Es ist reizvoll, sich vorzustellen, sie hätten eine, aber es ist schlichtweg nicht der Fall.

Sie setzen jedoch ihre Laute ein, um sich in den Meeren zurechtzufinden und Fischschwärme aufzuspüren. Sie haben nämlich eine Art Sonar – ein Ortungsverfahren per Echolot. Es funktioniert folgendermaßen: Die Delphine schwimmen zwitschernd und quietschend dahin, und ihre sehr hohen Töne breiten sich im Wasser aus, bis sie auf einen festen Körper stoßen. Dann kehren die Schallwellen zum Delphin zurück. Das Tier kann feststellen, wie weit der Körper entfernt ist, indem es überprüft, wie lange das Echo gebraucht hat, um wieder zurückzukehren. Unterseeboote benützen dieselbe Art von Ortung, um Zusammenstöße zu vermeiden.

Auch die Gesichtsform der Delphine übt einen besonderen Reiz auf uns aus. Wie Menschen haben sie eine große, gewölbte Stirn (die man Melone nennt) und einen Schnabel, der an den Enden nach oben gezogen ist, als würde der Delphin ständig lächeln. Das tut er natürlich nicht, und er kann auch die Form seines Mauls nicht verändern, aber wir reagieren so stark auf das Signal des Lächelns, daß wir das Gesicht des Delphins einfach nicht anders als lächelnd wahrnehmen können. Wir stellen uns daher vor, es sei ein heiteres, glückliches Gesicht, und übersehen die Tatsache, daß selbst ein sterbender Delphin oder einer mit großen Schmerzen noch immer dieses fixierte Lächeln im Gesicht hat. Jedes Tier, das – aus welchem Grunde auch immer – zufällig einen angenehmen menschlichen Gesichtsausdruck hat, ist bei uns automatisch viel beliebter als ein Tier, das ebenso zufällig die Stirn runzelt, grimmig oder knurrig aussieht.

Bei all den besonderen Eigenschaften des Delphins kann man leicht verstehen, warum wir ihn so attraktiv finden. Er hat fünf Pluspunkte: Er bewegt sich anmutig, er ist intelligent, er hilft denen, die in Not sind, er hat ein spielfreudiges Wesen, und er hat ein Gesicht, das immer glücklich aussieht. Das sind alles Eigenschaften, die wir bei Menschen bewundern, und so ist es nicht überraschend, daß wir Delphine so gern haben. Natürlich gehört er zu den Stars der Tierwelt.

Wenn man bedenkt, wie außergewöhnlich Delphine sind, ist man schockiert, wenn man feststellt, daß in manchen Ländern riesige Mengen von ihnen getötet und gegessen werden. Die türkischen Fischer beispielsweise töten über hunderttausend Delphine im Jahr. Viele Menschen haben diese Tiere so gern, daß sie den Gedanken, ein Delphinsteak zu verzehren, äußerst abstoßend finden. Das ist ein Maßstab dafür, wie sehr wir alle in den letzten Jahren dieses anmutige Tier ins Herz geschlossen haben. Dazu haben in hohem Maße die im Fernsehen gezeigten Abenteuer des vielleicht berühmtesten Delphins aller Zeiten beigetragen … Flipper.

Das Känguruh

Kapitän Cook lief im Jahr 1770, als er sich Australien näherte, mit seinem Segelschiff auf ein Korallenriff auf und erlitt Schiffbruch. Während sein Segler, der schwer beschädigt worden war, repariert wurde, erforschten Cook und seine Gefährten das nahegelegene Festland. Dort erblickten sie ein höchst erstaunliches Tier, das auf den Hinterbeinen durch die Gegend hüpfte, und Cook fragte die Einheimischen, was das sei. Da sie kein Englisch sprachen, erwiderten diese: »Känguruh«, was bedeutet: »Ich verstehe dich nicht.« Kapitän Cook meinte, sie hätten ihm den Namen des Tieres genannt, und seit diesem Tag heißt es »Känguruh«.

Die ersten Tierforscher, die ein Känguruh zu Gesicht bekamen, waren überrascht, daß es nicht auf vier gleich langen Beinen stand wie andere Tiere, sondern aufrecht auf seinen langen Hinterbeinen saß und seine kurzen Vorderfüße oben vor der Brust trug wie kleine Hände. Sie entdeckten, daß jedes Weibchen unten am Bauch einen Fellbeutel hatte, der aussah, als hätte jemand eine große Tasche in ihr weiches Fell eingesetzt. In ihm wurden die Jungen herumgetragen, und manchmal schauten ihre Gesichter oben über den Rand des Beutels heraus.

Die Männer waren auch fasziniert davon, wie sich diese Tiere vorwärts bewegten. Bei aufmerksamer Beobachtung stellten sie fest, daß die Känguruhs, die sich beim Fressen auf alle viere niederließen, ihr Gewicht immer wieder auf ihre kurzen Vorderbeine verlagerten und sich gleichzeitig auf ihren kraftvollen Schwanz stützten. Aus dieser Stellung heraus schwangen sie ihre langen Hinterbeine nach vorn. Weil sie den Schwanz in dieser Weise benützten, hatten sie sozusagen ein fünftes Bein statt der sonst üblichen vier. Bei jedem Schritt bewegten sie sich ungefähr einen Meter voran.

Wenn die Känguruhs erschreckt wurden und flüchteten, berührten jedoch weder die Vorderbeine noch der Schwanz den Boden. Statt dessen stießen sich die gewaltigen Hinterbeine vom Boden ab, und das Tier schnellte in einem riesigen Satz vorwärts. Der Körper war dabei vollkommen im Gleichgewicht, so daß die Känguruhs einen Sprung nach dem anderen machen konnten, ohne Ruhepausen einlegen zu müssen. Das Oberteil des Körpers war nach vorn geneigt und glich das Gewicht des schweren Schwanzes aus, der steif nach hinten gestreckt war.

Die frühen Forscher hatten noch nie etwas Derartiges gesehen und wunderten sich über die Schnelligkeit der Känguruhs. Sie beschlossen, einen Test mit ihnen zu machen. Auf ihrem Schiff hatten sie einige Jagdhunde auf die lange Reise mitgenommen. Es waren Windhunde, und die Männer waren überzeugt, daß nichts ihren pfeilschnellen Gefährten entkommen konnte. Aber sie irrten sich. Als die Windhunde losgelassen wurden, um die Känguruhs zu jagen, erwischten sie sie nicht. Der Grund dafür war nicht, daß die Hunde zu langsam waren, sondern daß die Känguruhs immer wieder über hohe Gräser hinwegsprangen, so daß die Hunde sie aus den Augen verloren. Sie wußten nicht, wohin sie laufen sollten, und mußten die Verfolgung aufgeben.

Die seltsame Fortbewegungsart war jedoch nicht die größte Überraschung, die das Känguruh zu bieten hatte. Später, als es möglich war, die Tiere genauer zu untersuchen, entdeckte man, daß das Verhalten eines jungen Känguruhs noch interessanter ist als das seiner Eltern.

Ein junges Känguruh braucht nur einen Monat, um im Körper seiner Mutter heranzuwachsen. Kurz vor seiner Geburt bringt die Mutter zwei Stunden damit zu, das Innere ihres Beutels zu putzen und zu lecken. Dazu setzt sie sich in einer merkwürdigen Haltung aufrecht hin, wobei sie sich manchmal an einen Baum lehnt, und bringt den Schwanz zwischen den Hinterbeinen nach vorn. Sobald das Junge geboren wird, hangelt es sich vorn am Körper seiner Mutter nach oben und schwingt sich dabei schlangenartig von einer Seite auf die andere, während es immer höher klimmt. Schließlich klettert es mit einer letzten großen Anstrengung in ihren feuchten Beutel hinein und ist in Sicherheit. Die ganze erstaunliche Reise dauert ungefähr drei Minuten und findet ohne Hilfe der Mutter statt.

Das Ungewöhnlichste an diesem winzigen Geschöpf ist der Unterschied zwischen seinem Gewicht und dem seiner Mutter. Man kann es kaum glauben, aber die Känguruhmutter wiegt bis zu achtzigtausendmal soviel wie ihr neugeborenes Junges. Dieser Winzling ist nur zwei Zentimeter lang und wiegt nur ein dreiviertel Gramm. Er ist blind und taub, hat aber eine große Nase, mit der er sich schnuppernd zurechtfinden kann. Seine Haut ist völlig nackt, und überraschenderweise sind seine Vorderbeine länger als seine Hinterbeine – genau umgekehrt wie bei ausgewachsenen Känguruhs. Er nutzt seine kräftigen Vorderbeine auch gut, wenn er sich durch das Fell seiner Mutter nach oben zieht.

Wenn das Junge im Beutel angekommen ist, sucht es nach einer Zitze und nimmt sie ins Maul. Dort schwillt die Zitze so stark an, daß das Junge nicht davon losgeschüttelt werden kann, wenn die Mutter später wieder herumhüpft. Es bleibt wochenlang in

dieser Weise mit der Mutter verbunden, ernährt sich von ihrer dünnen, wäßrigen Milch und wächst und wächst.

Nach einiger Zeit streckt das junge Känguruh den Kopf aus dem Beutel heraus und schaut neugierig in die große weite Welt dort draußen. Wenn es ungefähr sechs Monate alt ist, verläßt es erstmals den Beutel und hüpft in der Nähe der Mutter umher. In diesem Stadium geht es noch nicht weit von ihr weg und klettert beim ersten Anzeichen irgendeiner Gefahr wieder in den sicheren Beutel zurück.

Wenn das junge Känguruh acht Monate alt ist, ist es zu groß, um sich wieder in den Beutel zu zwängen, und muß sich auf die Gefahren der Außenwelt einlassen. Wenn plötzlich die ganze Herde in Panik flieht, muß es neben den ausgewachsenen Känguruhs herhüpfen, so gut es kann. Aber selbst in diesem Alter möchte es noch ab und zu bei der Mutter trinken, obwohl es schon Gras frißt wie die anderen Mitglieder der Herde. Dazu schiebt es einfach den Kopf in den Beutel der Mutter, wobei es vor ihr auf der Erde steht. In diesem Alter bekommt es jedoch eine andere Milch, die viel dickflüssiger und nahrhafter ist als die in der ersten Zeit. Ungefähr vier Monate lang darf das junge Känguruh noch von außen her an der Zitze nuckeln. Schließlich ist es etwa ein Jahr alt, aber meist will es sich auch dann nicht gern von seiner Mutter trennen und versucht seine Nase immer wieder in den Beutel zu stecken, um noch ein letztes Mal zu trinken. Die Mutter muß es vertreiben, damit es ein eigenes Leben anfängt und selbst für sich sorgt.

Knapp einen Tag, nachdem das Junge den Beutel verlassen hat, bringt die Känguruhmutter ein neues Junges zur Welt, das sofort in die freigewordene Tasche hineinklettert. Zu diesem Zeitpunkt produziert sie gleichzeitig zwei verschiedene Arten von Milch: Die dünne Milch für das Neugebore-

ne strömt in eine Zitze, die dicke, fetthaltige Milch für das größere Junge in eine andere.

Das einjährige Känguruh, das sich nicht mehr auf die Hilfe seiner Mutter verlassen kann, muß sich jetzt ganz von Gras ernähren. Wie die ausgewachsenen Tiere der Herde ist es nur nachts aktiv und knabbert seine Gräser in den langen Stunden der Nacht, in denen es kühl ist. In der Hitze des Tages liegt es dann irgendwo im Schatten. Wenn es sich ausruht, höhlt es sich oft einen Lagerplatz aus, eine flache Mulde in der Erde, in die sein schwerer Körper bequem hineinpaßt.

Wenn es Känguruhs sehr heiß wird, kühlen sie sich, indem sie hecheln wie Hunde oder ihren Pelz belecken. Wenn der Pelz feucht ist, wirkt der Speichel wie Schweiß und kühlt die Tiere, während die Sonne ihn wieder trocknet. In manchen Gegenden verziehen sich die Känguruhs während der Hitze des Tages in eine Höhle und bleiben dort stundenlang im kühlen Dunkel.

Känguruhs werden von vielen Hautparasiten geplagt, aber sie haben einen speziellen »Kamm«, mit dem sie ihr Fell putzen und sich hinter den Ohren kratzen können. Dieser Kamm befindet sich an den Hinterfüßen, an denen die zweite und die dritte Zehe bis kurz vor die Spitzen zusammengewachsen sind. Damit haben die Känguruhs das ideale Werkzeug für die Fellhygiene und können wenigstens ein Stück weit das Jucken bekämpfen, das ihnen die lästigen Insekten bescheren.

Obwohl ausgewachsene Känguruhs normalerweise Gras fressen, sieht man sie manchmal auch an niedrigen Büschen knabbern. Sie benutzen dabei ihre kurzen Vorderbeine, um das Blattwerk zum Maul zu ziehen.

Weil Känguruhs nachts fressen, gewinnen sie aus dem Gras eine Menge Feuchtigkeit und können es sehr lange aushalten, ohne an einem Wasserloch oder Fluß zu trinken. Man hat beobachtet, daß sie sogar bis zu drei Monate lang ohne Wasser auskommen können, viel länger als die meisten anderen Säugetiere.

Es gibt zwei verbreitete Arten von großen Känguruhs, das Rote und das Graue Riesenkänguruh; sie sind die größten in Australien lebenden Beuteltiere. Das Rote Riesenkänguruh lebt meist in offenen Ebenen, während das Graue Riesenkänguruh häufiger in den lichten Wäldern anzutreffen ist.

Außerdem gibt es noch etwa fünfzig verschiedene Arten von kleineren Känguruhs, darunter Baumkänguruhs, Rattenkänguruhs, Bergkänguruhs und Wallabies. Sie leben fast alle in Australien, aber einige Arten findet man auch in Tasmanien und Neuguinea. Manche sind nur wenig größer als Kaninchen, aber alle haben die einheitliche Grundform der Känguruhs.

Das größte männliche Känguruh, auf das man je stieß, maß von der Schwanzspitze bis zur Nase fast drei Meter. Ausgesprochen große Exemplare sind, wenn sie aufrecht auf den Hinterbeinen sitzen, über zwei Meter hoch und können mit einem einzigen Satz acht Meter weit springen. An der höchsten Stelle eines Sprunges sind sie dabei mehr als drei Meter vom Boden entfernt. Wenn sie mit voller Geschwindigkeit vorwärtsspringen, erreichen sie ein Tempo von fünfundvierzig Stundenkilometern. Die größten Tiere wiegen bis zu neunzig Kilogramm.

Um sich zu verteidigen, schwingen sie sich nach hinten, stemmen sich auf ihren kraftvollen Schwanz, heben die riesigen Hinterbeine in die Luft und lassen sie mit einem schnellen, scharfen Hieb heruntersausen. Dieser Hieb ist so gewaltig, daß er einem Menschen die Kleider abreißen und sogar den Körper aufschlitzen kann.

Wenn zwei Känguruhs miteinander kämpfen, setzen sie dieselbe Technik ein und ringen zuvor mit ihren kurzen Vorderbeinen um eine gute Ausgangsposition für den entscheidenden Schlag. Aber ehe sie den Kampf beginnen, drohen sie einander ausgiebig. Die riesigen Männchen gehen mit einem merkwürdig steifen Gang aufeinander zu, kratzen sich aufgeregt an der Brust und richten sich dann zu ihrer vollen Höhe auf, um so imposant wie möglich auszusehen. Nur wenn diese Drohgebärden den Rivalen nicht verscheuchen, gehen die beiden Tiere aufeinander los und kämpfen miteinander.

Wenn Känguruhs von Hunden gejagt werden, fliehen sie in Richtung Wasser, wenn es in der Nähe welches gibt. Sie waten so weit hinein, wie sie können, ohne den Halt zu verlieren. Stehen sie bis zur Brust im Wasser, drehen sie sich um und blicken dem Angreifer entgegen. Wenn die Hunde auf sie zuschwimmen, packen die Känguruhs sie mit den klauenbewehrten Vorderpfoten und halten sie unter Wasser, bis sie ertrunken sind.

Weitere Feinde der Känguruhs sind nur noch Adler und Pythonschlangen, die die

Vorwand für ihre Tötung war, daß sie für die neu importierten Schafe und andere Haustiere Konkurrenten bei der Nahrungssuche seien. Sorgfältige Untersuchungen haben inzwischen an den Tag gebracht, daß Känguruhs und landwirtschaftliche Nutztiere in Wahrheit unterschiedliche Pflanzen bevorzugen und bei der Futtersuche nur selten miteinander konkurrieren.

Känguruhs wurden auch stets wegen ihrer Felle und wegen ihres Fleisches geschätzt. Früher haben auch Menschen ihr Fleisch gegessen, aber heute kommt es vorwiegend als Hunde- und Katzenfutter auf den Markt. Es werden so viele Känguruhs getötet, daß die Gefahr besteht, daß sie eines Tages aus ganzen Regionen Australiens verschwunden sein werden. Schon jetzt sind seit der Ankunft der neuzeitlichen Siedler vier der kleineren Känguruharten ausgerottet worden. Die großen sind zwar noch zahlreich vertreten, aber das heißt nicht, daß ihre Zukunft gesichert ist. Für viele Menschen

Känguruhjungen angreifen, sowie mit Gewehren bewaffnete Menschen, die viele Millionen dieser harmlosen Geschöpfe abgeschlachtet haben. Ein häufig bemühter

ist das Känguruh das Symbol für Australien, und es wäre eine Tragödie, wenn auch dieses erstaunliche Tier im nächsten Jahrhundert eine Seltenheit würde.

Der Panda

Der Große Panda oder Bambusbär ist der größte Star der Tierwelt. Trifft eines von diesen attraktiven Tieren neu in einem Zoo ein, macht das immer Schlagzeilen, und die Geburt eines kleinen Pandas geht als Nachricht um die ganze Welt. Die Menschen strömen in Massen, um ihn anzuschauen, und jedermann verliebt sich in dieses Geschöpf. Was macht es so ungemein beliebt?

Erstens hat der Panda ein auffallendes schwarzweißes Fell. Seine Beine, Schultern, Ohren, Augen und die Nasenspitze sind tiefschwarz. Der übrige Körper ist schneeweiß. Diese Musterung in Schwarzweiß mögen die Menschen besonders gern, weil sie so lebhaft wirkt. Wir wissen das, weil wir schon früher immer sehr darauf erpicht waren, aus braunen Wildformen von Tieren schwarzweiße Haustiere zu züchten. Wir haben schwarzweiße Pferde, Hunde, Schafe, Rinder, Hasen und sogar Mäuse. Wenn also ein Tier wie der Panda auftaucht, das schon von Natur aus schwarzweiß ist, finden wir es höchst attraktiv.

Zweitens ist der Panda groß. Große Tiere haben uns schon immer beeindruckt, und der Name »Großer Panda« klingt, als sei dieses Tier mächtig und stark – ein freundliches Monster. Die Wahrheit ist jedoch, daß er nicht mehr wiegt als ein Mensch. Er heißt nur deshalb Großer Panda, weil sein einziger naher Verwandter der erheblich kleinere rote Katzenbär oder Kleine Panda ist. Wie schon sein Name sagt, ist dieser nicht größer als eine Hauskatze.

Drittens ist der Panda sehr selten und kommt aus einem fremden, fernen Land. Seine eigentliche Heimat, die Bambuswälder in den Bergen Chinas, ist so schwer er-reichbar, daß der Panda immer ein geheimnisvolles Geschöpf war, das kaum jemand je in seinem natürlichen Lebensraum gesehen hat. Das gibt ihm eine besondere Bedeutung, als wäre er ein berühmter Filmstar, der sich weigert, Interviews zu geben.

Die Seltenheit des Großen Pandas macht ihn auch außerordentlich wertvoll. Wenn die Leitung eines Zoos einen Panda erwerben möchte, muß sie bald feststellen, daß er mehr kostet als jedes andere Tier. Als Chi-Chi, die zu den bekanntesten Pandas zählt, in den Londoner Zoo gebracht wurde, mußte der Tierhändler, der nach China fuhr, um sie zu holen, den Chinesen eine ganze Sammlung von anderen Tieren als Gegenleistung anbieten. Das eine winzige Pandababy kostete ihn drei Giraffen, zwei Nashörner, zwei Nilpferde und zwei Zebras. Er mußte alle diese Tiere für viel Geld per Schiff nach China bringen lassen, nur um dieses kleine, aber kostbare Gut mitnehmen zu dürfen.

Auch die Gestalt des Pandas wirkt anziehend auf uns. Sein Gesicht ist sehr flach, und das gefällt uns, weil wir ebenfalls sehr flache Gesichter haben. Wir mögen Tiere, die »menschliche« Eigenschaften besitzen. Wir fühlen uns wohler mit ihnen, so als seien sie alte Freunde. Walt Disney hat das gewußt und geschickt genutzt, als er die Helden seiner Tiergeschichten schuf. Er hat freundlichen Tieren flache Gesichter gegeben, während die Bösewichter lange spitze Schnauzen bekamen.

Wenn der Panda frißt oder ausruht, setzt er sich häufig in einer sehr menschlichen Haltung hin. Wenn er Bambus knabbert, hält er den Stamm in einer Vorderpfote und führt ihn hinauf zum Maul. Anders als den meisten anderen Tieren fällt es dem Panda leicht, in dieser Haltung zu fressen. Und jedes Tier, das sich aufrecht hinsetzen kann, hat einen besonderen Reiz für uns, weil es uns an unsere eigenen Gewohnheiten erinnert.

Der Große Panda hat einen sehr kurzen Schwanz, der kaum zu sehen ist, wenn er läuft. Wenn sich das Tier hinsetzt, wird der kurze Stummelschwanz vollends unsichtbar. Da wir Menschen keinen Schwanz haben, gefällt uns auch jedes Tier, das keinen langen Schwanz hat.

In mancherlei Hinsicht wirkt der Große Panda nicht nur menschlich, sondern auch noch kindlich. Er ist rund und weich wie ein Baby. Er ist auch verspielt und tolpatschig wie ein Kind, das gerade laufen lernt. Und die schwarze Zeichnung in seinem Gesicht läßt seine Augen aus der Ferne sehr groß erscheinen. Auch das erinnert uns an Kleinkinder.

Diese Kleinkindwirkung erhöht den Reiz des Pandas. Sie führt dazu, daß wir das Tier beschützen möchten. Wir möchten es streicheln und mit ihm schmusen. Als Kinder tun wir das mit unseren Spielzeugpandas, und so meinen wir, daß auch ausgewachsene Pandas harmlose, sanfte, kuschelige Freunde sein müßten. Deshalb sind wir erstaunt, wenn wir entdecken, daß echte Pandas, wenn sie ausgewachsen sind, gefährlich und sogar aggressiv werden können. Ein Großer Panda in einem amerikanischen Zoo verletzte seinen Wärter bei einem Angriff so schwer, daß er einen Arm verlor.

Sogar die allseits beliebte Chi-Chi im Londoner Zoo wurde eines Tages plötzlich wild. Ohne jede Vorwarnung schlug sie ihren sechzehnjährigen Wärter zu Boden und setzte sich auf ihn. Sie hatten schon oft spielerisch miteinander gerauft, als Chi-Chi noch klein gewesen war, aber jetzt war sie voll ausgewachsen, und ihre Stimmungs-

lage hatte sich geändert. Sie spielte nicht mehr. Als der Junge, niedergedrückt von ihrem schweren Körper, hilflos am Boden lag, schlug sie ihre gewaltigen Zähne in sein rechtes Bein. Er begann zu bluten und rief um Hilfe. Ein anderer Wärter sprang in das Gehege des Pandas und rettete den Jungen, der so schwer verwundet war, daß er erst nach sieben Monaten wieder arbeiten konnte. Am Tag seiner Rückkehr sah ihn Chi-Chi und knurrte ihn böse an. Um seiner eigenen Sicherheit willen durfte er ihr Gehege nie mehr betreten.

Dieser Junge hatte Chi-Chi sehr liebgewonnen und hatte ihr nie etwas Böses getan, daher war ihr plötzlicher Angriff ein großer Schock. Was hatte den Angriff ausgelöst? In den Jahren, die seit diesem Vorfall vergangen sind, haben wir viel über die Lebensweise der Pandas in China dazugelernt und glauben, daß wir sie nun ein wenig besser verstehen. Wir wissen inzwischen, daß freilebende Pandas völlig allein sein wollen, wenn sie ganz ausgewachsen sind. So hatte Chi-Chi vermutlich eines Morgens beschlossen, daß die Zeit gekommen sei, sich von ihrem alten Freund zu trennen. Die meisten Tiere hätten nur mit einem Angriff gedroht und ihre Gefühle deutlich gemacht, ohne Blut zu vergießen. Aber Chi-Chi war eben besonders aggressiv.

Wir finden das, wie gesagt, nur deshalb erstaunlich, weil uns der Panda so gut gefällt – all diese menschlichen und kindlichen Züge lassen ihn so kuschelig wirken. Aber der Vorfall erinnert uns daran, daß wir immer versuchen müssen, ein Tier von seinem eigenen Standpunkt aus zu verstehen, nicht von unserem. Daß ein Tier freundlich aussieht, heißt noch lange nicht, daß es auch freundlich ist. Ebenso muß ein Tier, das wild aussieht, noch lange nicht wild sein. Das Aussehen kann uns in der Tierwelt sehr in die Irre führen. Manche grimmig aussehenden Tiere sind ausgesprochen umgänglich, und manche sehr freundlich wirkenden Tiere, wie der Große Panda, können richtig bösartig werden.

Es wäre falsch, Chi-Chi ihren Angriff übelzunehmen. Die Schuld lag nicht bei ihr. Sie drückte lediglich auf recht gewaltsame Art und Weise aus, daß sie nun ein Alter erreicht hatte, in dem sie ihr eigenes, ganz persönliches Revier haben und es mit niemandem teilen wollte. Von ihrem Standpunkt aus tat sie etwas vollkommen Natürliches. Wir hatten sie einfach nicht gut genug verstanden.

Einen sehr wichtigen Hinweis haben wir vielleicht übersehen. Weil wir die schwarzweiße Zeichnung des dicken Pandapelzes so hübsch fanden, haben wir uns nie die Mühe gemacht, darüber nachzudenken, warum das Tier eine solche Färbung hat. Wir können darüber etwas lernen von einem anderen schwarzweißen Tier – dem Skunk oder Stinktier.

Zwar ist der Große Panda wesentlich größer als das Stinktier, aber wenn man ihn aus der Ferne sieht, hat er eine ganz ähnliche Zeichnung. Im Falle des Stinktiers wissen wir, daß das Muster seines Fells eine Warnung für seine Feinde darstellt. Stinktiere können Angreifer mit einer stinkenden Flüssigkeit anspritzen, die ihnen in den Augen brennt und die sie von Kopf bis Fuß mit einem widerlichen Gestank umgibt. Dieser Geruch bleibt tagelang an ihnen haften, und begreiflicherweise vergißt ein Tier seine erste Begegnung mit einem Skunk nie mehr. Als Erinnerungshilfe zum Wiedererkennen bei einem neuerlichen Zusammentreffen dient die ungewöhnliche schwarzweiße Zeichnung. Sie ist sozusagen die »Flagge« des Stinktiers, die bedeutet: »Ich bin gefährlich, bleib mir vom Leib!«

Vielleicht hat also auch die Zeichnung des Großen Pandas die Funktion eines Warnsignals. Aber der Panda kann seine Feinde nicht mit einer stinkenden Flüssig-

keit besprühen. Wovor warnt er sie dann? Welche Geheimwaffe besitzt er?

Um die Antwort zu finden, müssen wir uns seine Ernährungsgewohnheiten ansehen. Vor Millionen von Jahren waren die Vorfahren des Großen Pandas Fleischfresser, aber im Laufe der Zeit bevorzugten sie zunehmend pflanzliche Nahrung. Sie fraßen noch immer ab und zu etwas Fleisch, aber die meisten Mahlzeiten bestanden aus Pflanzen. Besonders oft fraßen sie die harten Bambusschößlinge, die sie in großen Mengen in ihren heimatlichen Bergen vorfanden. Diese Schößlinge waren schwer zu zerbeißen, und die Kiefer der Pandas wurden größer und stärker. Sie wurden so kräf-

tig, daß sie sich bei Angriffen von natürlichen Feinden, wie etwa wilden Hunden, mit Leichtigkeit verteidigen konnten: Sie konnten das Bein eines Hundes so mühelos knacken wie die harten Bambusstäbe.

Die neue Waffe des Großen Pandas war also sein erstaunlich kräftiges Gebiß, und das wollte er anderen Tieren mitteilen. Er wollte sagen: »Am besten versuchst du gar nicht erst, mich zu beißen, denn meine Zähne können Kleinholz aus dir machen.« Gelang es ihm, ein Signal mit dieser Botschaft auszusenden, konnte er Angriffe von vornherein verhindern und sich eines bedeutend friedlicheren Daseins erfreuen.

Wahrscheinlich hatten Pandas ursprünglich ein eher langweiliges, braunes Fell wie die meisten anderen Säugetiere, aber im Laufe von Millionen Jahren verwandelte sich das langweilige Braun schrittweise in das lebhafte Schwarzweiß. Jetzt konnten die Pandas wie die Stinktiere ihre Feinde schon von ferne warnen. Blutige Kämpfe ließen sich vermeiden. Junge Angreifer, die zum ersten Mal an einen Panda gerieten und einen Fehler machten, konnten sich sehr gut an ihn erinnern und ihm in Zukunft aus dem Weg gehen. So wie der junge Wärter im Londoner Zoo nie mehr in Chi-Chis Nähe ging, versuchen wilde Hunde und Leoparden sicherlich kein zweites Mal, sich einem freilebenden Panda zu nähern.

Weil ausgewachsene Pandas allein in der Wildnis leben, kommen sie nur sehr kurz zur Fortpflanzung zusammen. Die Tiere paaren sich und gehen dann wieder getrennte Wege. Nach einiger Zeit bringt das Weibchen im Schutz eines hohlen Baumes, in einer einfachen Höhle oder einem anderen Versteck ein rattengroßes Junges zur Welt. Bei der Geburt wiegt das Junge nur einhundertfünfzig Gramm. Seine Mutter wiegt achthundertmal soviel.

Der neugeborene Panda ist blind und zahnlos und verbringt die meiste Zeit auf dem Arm seiner Mutter. Dabei sitzt die Pandabärin aufrecht und sieht ganz wie eine menschliche Mutter aus, wenn sie ihr Neugeborenes an sich drückt und liebkost. Das Junge kann herumkrabbeln, wenn es etwa drei Monate alt ist. Es wächst rasch und nimmt erstaunlich schnell zu. Die Mutter beschützt es liebevoll und wacht mit großer Sorgfalt und Zärtlichkeit über das

Kleine. Sobald es jedoch nahezu ausgewachsen ist, ändert sich all das, und das Junge, egal ob Männchen oder Weibchen, muß allein losziehen und sich seinen eigenen Nahrungsraum suchen. Nun beginnt das Einzelgängerdasein des Großen Pandas, und bis auf die alljährlichen kurzen Paarungszeiten verbringt dieses bemerkenswerte Tier seine Tage allein in den ausgedehnten Bambuswäldern.

Tragischerweise gibt es heute nicht einmal mehr tausend Große Pandas. Manche Fachleute meinen, daß auf der ganzen Welt nur noch sechs- oder siebenhundert von ihnen leben. Die Chinesen wissen, wie kostbar sie sind, und tun, was sie können, um ihr Aussterben zu verhindern, aber das ist nicht leicht. Trotz all ihrer Bemühungen, den Panda zu schützen, wird befürchtet, daß es irgendwann im nächsten Jahrhundert keine Pandas mehr geben wird.

Die Hauptgefahr für sie besteht darin, daß ihre Bambuswälder nach und nach von Menschen gerodet werden, die mehr Ackerland brauchen. Außerdem werden Pandas oft Opfer von Fallenstellern. Zwar werden die Pandas selbst nicht gejagt, aber sie sterben manchmal in Fallen, die für andere Tiere aufgestellt sind.

Und es gibt Wilderer, die sogar heute noch Große Pandas ihrer Pelze wegen töten. Diese werden heimlich außer Landes geschafft und an reiche Ausländer verkauft, die bis zu dreihunderttausend Mark für ein einziges schwarzweißes Pandafell bezahlen. Da die Chinesen verzweifelt darum kämpfen, diesen Fellhandel zu unterbinden, haben sie das Strafmaß dafür erhöht und statt lebenslänglicher Haft die Todesstrafe darauf gesetzt. Und dennoch wird der Große Panda wohl als erster großer Star unter den Tieren in nächster Zukunft aussterben.